儿童行为心理学

江晓兴 ◎ 著

中国商业出版社

图书在版编目（CIP）数据

儿童行为心理学 / 江晓兴著 . -- 北京：中国商业出版社，2018.5
ISBN 978-7-5208-0359-5

Ⅰ.①儿⋯　Ⅱ.①江⋯　Ⅲ.①儿童心理学 – 通俗读物
Ⅳ.① B844.1-49

中国版本图书馆 CIP 数据核字（2018）第 102903 号

责任编辑：朱丽丽

中国商业出版社出版发行
（100053 北京广安门内报国寺 1 号）
010-63180647　www.c-cbook.com
新华书店经销
大厂回族自治县正兴印务有限公司
*
720 毫米 ×1000 毫米　1/16 开　14.5 印张　175 千字
2018 年 7 月第 1 版　2018 年 7 月第 1 次印刷
定价：39.80 元
****
（如有印装质量问题可更换）

前言

新生儿呱呱坠地，带着嘹亮的哭声宣告自己来到这个世界，也宣告自己柔软的力量。的确，看起来这个弱小的生命具有强大的力量，他能让一个家庭的生活瞬间发生翻天覆地的变化，也能让原本柔弱的女子成为这个世界上最坚强的支撑，还能让原本贪玩心重的大男孩迅速成长起来，从玩网络游戏到洗尿布，完美无缝对接……这些，都是新生命的力量，也是新生命对于生活的神奇改变。

有人说，一个人在没有成为父母之前，始终都是孩子。这句话说得很有道理，因为一个人唯有真正成为父母，成为一个弱小的生命在这个世界上唯一的依靠和托付，他才明白生命的意义。

每一个父母，都是这个世界上最爱孩子的人，也是为了孩子可以付出一切的守护者。在父母眼中，孩子的一颦一笑都是那么美妙动人，甚至孩子的臭臭都带着特殊的香气。曾经十指不沾阳春水的妈妈，把孩子沾满臭臭的尿布凑近了认真观察，仔细闻一闻味道，只因为害怕错过孩子任何微小的变化；曾经马大哈的爸爸连结婚纪念日都记不清楚，却能记得住孩子哪天该打防疫针了，吃完奶过了多久该喝水了——生命的力量真是神奇，从某种意义上说，父母孕育了新生命，新生命也孕育了父母，让一对年轻的夫妻成为合格且优秀的父亲和母亲。除了新生命的降生，这个世界上没有任何力量能让年轻的男女成长实现这样质的飞跃。

然而，尽管父母都把孩子当成自己生命意义的所在，也愿意付出所有的心力去关爱和守护孩子，但是对于大多数父母而言，孩子依然是一个谜团。

我在爱普生涯儿童天赋能力成长中心辅导中经常发现：父母面对孩子成长过程中的各种状况时，常常感到疑惑不解，也就无从有效应对。还有些父母误以为只要满足孩子吃喝拉撒的需求即可，觉得孩子小，还没有丰富的内心世界。这种观念也存在很大的误区，孩子在越早的时候，处于各项智能的快速发育成长阶段，父母对于孩子行为的越早认知，就越能更好地帮助孩子健康成长。

我们从爱普生涯儿童天赋能力成长中心的众多个案中发现：很多父母还总是以成人的思想来揣度孩子，殊不知，孩子的心思和成人截然不同，如果不能很好地理解孩子的内心，最后只能与孩子渐行渐远。当然，在小时候，孩子根本不能用语言流畅地表达自己的诉求，等到孩子渐渐成长，他们也就有了自己的小秘密，也许不愿意向父母袒露心声了。所以在孩子小时候，父母主要靠观察孩子的言行举止来了解孩子身心发展的奥秘；等到孩子大了之后，父母在以语言为主要媒介和孩子进行交流之余，也要通过细致入微的观察来注意孩子的言行举止，进而了解孩子的心理状态。在很多时候，孩子的行为举动也是无意识做出来的，基于孩子的儿童生涯发展阶段，他们并不能洞察自己的内心。如果父母能够透过现象看本质，通过对儿童生涯发展重点的了解，学习儿童行为心理，与孩子同频走入孩子内心，也就能更好地引导和帮助孩子成长。毕竟孩子儿童生涯阶段的智能发育对孩子一辈子有重大影响！这也是作者写作本书的初衷。

愿更多的父母在孩子更小的时候接触到本书，让您比其他父母更早懂孩子，了解孩子的行为以及行为背后的想法，真正帮助孩子更好地成长！也欢迎读者写信交流你的收获与经验。交流邮箱：1540670029@qq.com（注明：《儿童行为心理学》读者），或关注爱普生涯微信公众号（微信号：ahpsy001），及时获取最新建议或公益指导。无疑，每个孩子的成长之路都充满困难，父母唯有披荆斩棘，练就十八班武艺，才能为孩子的成长保驾护航！

第一章
走入儿童的内心世界，了解儿童不为人知的行为心理秘密

小小幼儿的"电报式"语言 // 2
面对三令五申，孩子依然故我 // 4
孩子为何时常歇斯底里 // 8
这是我的，我的，我的 // 12
和小金鱼一样只有七秒钟的记忆吗 // 14
真的还是假的？假的 // 18

第二章
做尽职尽责的父母，用爱与尊重为儿童营造成长的天空

我偏不，偏不，偏不 // 22
爸爸妈妈，你们都不信任我 // 24
我快憋死啦 // 27
我已经长大了 // 30
我什么也不想做 // 33
我偏偏就要这么做 // 36
我也要当家做主 // 39

第三章

如何听，孩子才会说；如何说，孩子才会听

妈妈，你不要说，请听我说 // 44
孩子为何捂着耳朵不停地尖叫 // 47
我不听，我不听，就是不听 // 50
孩子离你期望的相去甚远 // 54
怎么说，孩子才会听 // 56
哦，原来你是这么想的 // 59
我相信自己的选择 // 62
我就是个大笨蛋 // 64
妈妈是个大骗子 // 67
感谢阳光照耀在我的身上 // 70

第四章

人生就是马拉松，不输在起跑线上又如何

厌学的孩子伤不起 // 74
妈妈，我想慢慢长大 // 77
父母的奢望，让孩子崩溃不已 // 80
当孩子处于天花板 // 83
压力，让小马达充满动力 // 86
鲇鱼效应，让孩子精神抖擞 // 89
我不要当牛蛙 // 92
你把邻居家的孩子当儿子吧 // 95
我并没有拖延啊 // 98

第五章

万丈高楼平地起，打好根基是关键

面对困难，沮丧之情无以言表 // 102

当冲动的情绪成为脱缰的野马 // 105
孩子，请控制你的坏脾气 // 108
有梦想，人生才有方向 // 112
错误，是进步的阶梯 // 114
宽容他人，就是宽宥自己 // 118
安全教育，让孩子从容面对危险 // 121
孩子，请擦干眼泪，绽放笑容 // 123

第六章

学会如何与人相处和交往，儿童也能成为小小社交达人

乐于分享，让乐趣翻倍 // 128
宽和的语言，是流淌自心底的清泉 // 130
把他人的东西"拿"回家 // 133
今天，我和黄伊娜拥抱了 // 136
我和黄桃不是好朋友 // 138
交换，孩子迈出人际交往的第一步 // 141
告状大王的苦恼 // 144
"独行侠"的童年不快乐 // 147
不要让批评成为孩子情绪的导火索 // 150

第七章

任何怪异行为的背后，必然有深层次的心理原因

孩子为何依恋毛绒玩具狗 // 154
把鼻孔都抠破了 // 156
手指不是你的菜 // 159
真是个害羞的小姑娘 // 162
恐惧，不仅来自黑夜和怪物 // 165
家有"人来疯" // 168

让妈妈抓狂的"破坏大王" // 170
孩子为何迷恋生殖器 // 173
孩子为何突然咬人 // 175
说谎的孩子真的品质恶劣吗 // 177

| 第八章 |

用心观察儿童的异常行为，警惕成长中的危险因素

入园两个月，为何突然尿频 // 182
哭闹不去幼儿园，究竟为哪般 // 185
夜里突然惊醒，要从白天找原因 // 187
当孩子突然说有"鬼" // 190
为何孩子一见邻居就哭 // 192
不要把孩子说的话当"假" // 194

| 第九章 |

和善坚定的父母，才能让儿童以自律力养成好习惯

让孩子先听后说，不再随便插嘴 // 198
摆脱分离焦虑，独立乐观 // 201
告别"猪窝"，保持房间干净清爽 // 204
写作业不拖延，才有时间娱乐休闲 // 207
有话就说，绝不"哼哼唧唧" // 210
不抱怨，才能充满积极的正能量 // 212
远离沮丧，让人生不绝望 // 216
成功，始于脚下 // 219

后　记 // 222

第一章

走入儿童的内心世界，了解儿童不为人知的行为心理秘密

　　面对从呱呱坠地开始，就在自己怀抱中和精心呵护下不断成长的孩子，父母也时常会觉得陌生。虽然他们熟悉孩子的一颦一笑，知道孩子的每一声哭泣代表的意思，但是他们却不了解孩子的行为秘密，也因而对孩子的内心世界很陌生。孩子的每一个行为表现都代表着他们心灵深处的秘密，在这种情况下，父母要想走进孩子的内心世界，就要了解孩子不为人知的心理秘密，从而真正了解孩子，更好地关爱孩子。

小小幼儿的"电报式"语言

随着时代的发展,通信技术越来越发达,电报逐渐淡出了人们的生活。曾经,作为最方便快速的信息传递方式,人们每当有了着急的事情需要传达,就会采取发电报的方式。然而,电报是按字收费,所以让语言最凝聚精练,尽量减少发电报的字数,就成为省钱的最佳方式。因而这也形成了电报式语言的特点,那就是极尽简短,表情达意。

细心的父母会发现,幼儿也会使用电报式语言。一岁多的婴儿,在说话的时候还不能一次使用两三个词语,而只能单个词语、单个词语地往外蹦。因而,他们只能配合自身的肢体动作,来表达自己的意思。到了两岁前后,幼儿开始学习把两三个词语连起来使用,但是他们还不会使用连贯词或者副词,所以他们的语言表达很简单,只能起到简单交流信息的作用。有些语义关系学专家认为,幼儿的电报式言语通过词序调整,可以表达两大类性质的语义关系,第一类是指谓形式,第二类是关系形式。在两岁前后,大多数幼儿都能流畅使用至少两个词语构成的句子,这就是所谓的电报式语言。孩子天生拥有精简能力,让句子只剩下主干,而忽略一切不那么重要的词语。例如孩子会说:"妈妈来""小球"等。尽管语言依然很精简,但是已经能够表达完整意思,而无需再加上动作了。

毋庸置疑,孩子们内心想要表达的意思,比他们真正表达出来的更加丰富和深刻。为了用有限的词汇表达更丰富的意思,孩子们还会对词汇进行组合，从而使别人更容易理解他们的意思。当然，因为孩子的语言过于精简，所以也难免会引起歧义。诸如"妈妈来"也许是呼唤妈妈过来，也许是告诉别人妈妈回来了。作为与孩子朝夕相处的父母，当然更了解孩子，也应该根据对孩子的了解判断孩子要表达的意思。当孩子因为使用电报式语言而无法清晰表达自己时，父母也不要心急，而要意识到这是孩子成长必然经历的语言发展阶段。唯有更好地激发孩子的语言发展能力，才能使孩子掌握更多的词汇，让他的语言变得更加丰富、灵活。

晨晨说话很早，一岁的时候就会说话了。不过，直到两岁，晨晨还是无法说出完整的句子，为此，妈妈感到非常着急。有一天晚上，晨晨半夜突然发起高烧，而且还不停地对妈妈说："妈妈疼。"妈妈知道晨晨一定是哪里不舒服了，着急地想要问清楚，然而晨晨还是边哭边说"妈妈疼"，最终妈妈因为着急也哭了起来。

看到妈妈心急如焚的样子，爸爸好像突然想起什么，因而提醒晨晨："宝贝，你哪里疼呢？是这里吗？"因为担心晨晨扁桃体发炎嗓子疼，所以爸爸首先指了指晨晨的嗓子。晨晨摇摇头，爸爸继续说："那你哪里疼呢？可以指给爸爸妈妈看吗？"晨晨受到爸爸的启发，因而指着自己的肚子说："这里。"晨晨指的位置太模糊了，爸爸因而掀起晨晨的上衣，问："是这里，还是这里？"爸爸先指了指晨晨肚脐眼上面的位置，又指了指晨晨的小肚子。当指到小肚子时，晨晨点点头。爸爸对妈妈说："有可能是肠胃出问题了，还是去医院吧！"到了医院，爸爸把晨晨的状况告诉医生，医生怀疑是肠系膜淋巴结膜炎，因而让晨晨进行B超检查。果然，晨晨是肠系膜淋巴结膜炎，医生对症下药，没过几天，晨晨的症状就缓解了。

——案例来自爱普生涯儿童天赋能力成长中心

晨晨的话，就是典型的幼儿电报式语言。晨晨知道喊妈妈，告诉妈妈自己"疼"，这样也算说清楚了自己的症状，但却并没有说清哪里疼。关键时刻幸亏爸爸灵机一动，想出办法来帮助晨晨确定病灶，也给医生的诊断指明了方向。两岁左右的孩子，大多数都会使用电报式语言来表达自己的状况，或者诉说自己的需求。如果是在平日里不着急的情况下，也许父母还能耐心听孩子的诉说，但是如果遇到危急的情况，心急的父母就很难再淡定从容了。他们恨不得第一时间就问清楚孩子的情况，偏偏孩子还小，根本说不清楚。这种情况下，父母及时地询问孩子，逐项排除孩子身体上不舒服的地方，才能缩小范围，最终明确孩子的病痛所在，也确定孩子到底需要怎样的帮助。

总而言之，在孩子还小的时候，每当孩子生病，最着急的都是父母。尤其是孩子如果不发烧，哪怕有小小的不舒服，也会因为贪玩而忽略。那么作为父母，就要更加用心观察孩子的情况，全方位地监护孩子，从而及时对孩子的异常进行有效处理。

面对三令五申，孩子依然故我

在心理学上，有一种禁果效应。顾名思义，禁果效应就是逆反心理，用简单的话来说，禁果效应就是越是不被允许去做的事情，人越是想要拼命地尝试。这是逆反心理的表现，在希腊神话中，潘多拉魔盒之所以被打开，就是禁果效应在起作用。这使得夏娃品尝了禁果。现实中，很多父母都因为孩子不听话而感到烦恼，他们不知道为何原本乖巧懂事的孩子偏偏要与自己对着干，也因此对孩子感到极其不满，导致亲子冲突频繁发生。甚至还有些年幼的孩子明明知道父母不允许自己做某件事情，而偏偏要与父母对着干。这到底是为什么呢？归根结底，是禁果效应在起作用，孩子正在品尝禁果的"甜蜜果实"，所谓"禁果特别甜"，使得孩子对品尝禁果屡禁不止。

细心的父母会发现，孩子在十个月前后特别喜欢扔东西，当父母为他们捡起东西，他们就会觉得非常兴奋。有的时候，父母捡得太累了，就会佯装生气，以严肃的表情暗示婴儿不要继续扔东西了。但是婴儿却不以为然，反而更加乐此不疲地扔东西，甚至用眼睛看着父母，故意把东西扔到地上。父母会嗔怪婴儿"坏家伙"，婴儿却表现得更加高兴。上述可见，连小小的婴儿都受到禁果效应的影响，更何况少年儿童呢！

周末，妈妈带着晨晨去小区附近的公园里玩。因为平日里有人在公园里遛狗，所以广场周围的花坛里以及植物丛中，总有狗屎。妈妈再三叮嘱晨晨："晨晨，不要靠近那边的花坛啊，会有臭狗屎。"不想，在妈妈说完之后，晨晨反而趁着妈妈不注意就往花坛边上跑，有的时候跑到花坛边缘附近，还会回过头来带着故意挑衅的神情看着妈妈。妈妈气得哇哇大叫，赶紧去把晨晨追回来。然而，一眼看不到，晨晨又跑到花坛边上去了。

有一次，妈妈正在和一个邻居聊天，晨晨哇哇大哭起来，妈妈扭头一看，晨晨正趴在花坛边上呢。妈妈赶紧飞奔过去，果不其然，晨晨手上沾满了狗屎。妈妈当即像老鹰抓小鸡一样提溜起晨晨就往家里走，回到家里赶紧把晨晨放到淋浴室里，清洗了好几遍。妈妈想不明白，为何再三叮嘱的事情晨晨偏偏要去做呢？一个偶然的机会，妈妈在听育儿讲座的时候提出了自己的疑问："我家晨晨两岁半了，但是特别不听话，越是我不让做的事情，他越是要做，这到底是为什么呢？"专家反问妈妈："那么，你是如何禁止孩子做事情的呢？可以举一个具体的例子吗？"妈妈想了想说："去公园里，我告诉他'不要去花坛边上玩'，结果他总是往花坛边上走，还因为摔倒手上沾满了狗屎。哎，我真不明白他这么小，怎么就这么叛逆呢？！"专家笑着说："其实，不是孩子叛逆，而是你表达的方式不对。你是在以否定句式和孩子说话，反而激起了孩子更加强烈的好奇心。我建议你以后可以试着说'宝贝，在妈妈身边玩'，孩子就不会走远了。"尽管妈妈对专家的话似信非信，但是再次带着孩子出去玩时，妈妈还是尝试了一下。出乎她的预料，正面表达的方式效果非常好。妈妈对晨晨说："宝贝，咱们在这里找蚂蚁玩吧。"结果，晨晨似乎全然忘记了花坛边缘，而专心致志地和妈妈一起找蚂蚁。此后，妈妈又尝试了好几次，发现晨晨都很配合，不听话的现象也大大减少了。

——案例来自爱普生涯儿童天赋能力成长中心

孩子往往听不懂否定句，他们对妈妈说的"不要去花坛边"，实际上只听到了"去花坛边"，因而他们变得非常兴奋，甚至故意跑到花坛边，而且迫不及待想要了解花坛边的秘密。从这个角度讲，妈妈的否定句偏偏提醒了孩子做他们不该做的事情。如果妈妈告诉孩子"留在妈妈身边玩"或者"一起找蚂蚁"，那么孩子就会接受正面的信息，从而表现出对妈妈的顺从和听话。

至此，亲爱的家长们，你们掌握和孩子沟通的技巧了吗？

孩子的好奇心非常强烈，这是孩子的天性，因而心理学上的禁果效应对于孩子而言作用明显。表现在言行举止上，孩子就会给父母留下不听话的印象，也使得父母对于孩子的教育感到非常头疼。在这种情况下，父母应该改变教育孩子的思路：对于年幼的孩子，与其以否定的句式告诉孩子不要做什么事情，还不如以肯定的句式告诉孩子应该做什么事情效果更好；对于大一些的孩子，父母也不要一味地禁止孩子做某件事情，而要及时引导孩子的行为，疏导孩子的情绪，这样才能让孩子对父母表现出更多的理解和顺从。

现实生活中，很多父母因为过分关心和疼爱孩子，往往对孩子束缚和禁锢太多，例如禁止孩子调皮捣蛋说脏话，或者禁止孩子冒险、撒谎等，反而导致孩子做出更加恶劣的行径，也使得孩子更加叛逆。很多人都知道"大禹治水"的故事，也知道治水的原理是宜疏不宜堵，那么面对孩子的教育问题，父母更应该采取引导的方式，从而给予孩子更好的指导和帮助，也让孩子满足自己的好奇心和探索欲。否则，单纯地压制孩子，只会使得孩子变本加厉，更加叛逆。当然，父母与孩子的良好相处，还要建立在尊重孩子的基础之上，这样才能真正实现与孩子平等相处。明智的父母不但可以引导孩子，还可以与孩子斗智斗勇。有些聪明的父母很善于利用禁果效应，反而能激发起孩子的逆反心理，让孩子主动地去做父母期望他们做的事情。当然，这么做一定要把握好度，否则一旦过度，就会让这个办法彻底失灵，父母也会失去孩子的信任。

孩子为何时常歇斯底里

当今时代，人们的生活压力越来越大，这种压力不仅重重地压在成年人身上，也重重地压在孩子的身上。如今，有很多年幼的孩子都容易陷入情绪失控之中，或者是因为学业的压力，或者因为与父母关系紧张，也有可能是孩子本身就特别敏感，内心也太脆弱。总而言之，孩子的心理素质差，承受能力弱，是由各种原因导致的，并非是某种单纯的因素引发的。那么，曾经无忧无虑、健康快乐的孩子，为何突然就歇斯底里了呢？尽管原因复杂，但父母也要多观察和了解孩子，从而才能帮助孩子疏导和缓解情绪，也应尽量避免孩子因为情绪失控而导致心理患上疾病。

早在古代，很多学者都曾经对人的本性做出推断，有人主张人之初性本善，有人主张人之初性本恶。现代心理学专家则认为，新生命从呱呱坠地开始，就像一张白纸一样单纯，是后天的成长为孩子着色，让孩子成为特定的样子。因而，孩子既不是性本善，也不是性本恶，而是充满无限的可能性，染之黄则黄，染之苍则苍。由此可见，后天的教育和成长对孩子而言至关重要。

从本质上而言，不管孩子为何歇斯底里，归根结底，孩子情绪失控的原因是内心情绪的积压达到极限而爆发。在孩子的成长过程中，情绪起到很重要的作用，良好的情绪能够让孩子健康成长，形成健全独立的人格，而恶劣的情绪则让孩子的内心遭受创伤，也使得孩子性格出现瑕疵。当然，哪怕父母对孩子再怎么呵护备至，也许能照顾好孩子的吃喝拉撒，满足孩子的生理需求，却无法照顾好孩子的情绪，更不能保证孩子始终健康快乐。当看到孩子突然哭泣或者无法自制时，父母千万不要压制孩子发泄情绪，而应该给予孩子机会，去让他们抒发自己内心的苦恼，排遣抑郁的情绪。尤其是对于那些情绪敏感细腻的孩子，父母更要照顾到孩子的内心需求，更多地关注孩子，从而让孩子不会误以为自己被冷落和忽视。当然，每个孩子的性格也是各不相同的，有的孩子天生外向，乐观开朗，有什么事情都会及时与父母沟通，对父母感到不满也会坦然表达。而有的孩子内向性格占据主要地位，所以他们不管遇到什么事情，都选择将其隐藏在心底，最终必然觉得内心抑郁，只好在不恰当的时机突然爆发。

自从小妹妹晨晨诞生，乐乐就变得很不高兴了。晨晨出生的时候，乐乐才七岁，原本乐乐非常盼望着小妹妹出生，甚至还是他一再央求妈妈生小妹妹的呢！然而，等到妹妹出生之后，乐乐发现自己的生活有了很大的变化，总觉得自己备受冷落。在妈妈住院的四天里，正值乐乐放寒假，因此全家人都留在医院陪伴妈妈和小妹妹。因为医院的产科原本是不让未成年人进入的，所以乐乐偷偷溜进妈妈的单人病房之后，根本不敢出门。让一个七岁的男孩整整四天待在一个小小的房间里，可想而知乐乐有多么烦躁。

好不容易等到妈妈出院，回到家里，因为怕影响晨晨睡觉，妈妈既不让乐乐蹦跳，也不让乐乐大声喧哗，可把乐乐憋坏了。最让乐乐无法忍受的是，以前妈妈每天晚上都会陪他入睡，给他讲故事，但是有了妹妹之后，妈妈不管是白天还是晚上都只顾着照顾小妹妹，就连爸爸下班回家也是第一时间就奔到小妹妹那里，抱起小妹妹。乐乐觉得很失落，也很孤单，他觉得自己就像是多余的，成了这个家里最不重要的人。一天，乐乐央求爸爸带他看电影，爸爸训斥道："你这个孩子怎么没有眼力见呢？爸爸好不容易休息一天要在家里陪妈妈和晨晨啊，你不看电影又没有关系，可以在家里看电视啊。"乐乐一直以来压抑在心中的情绪爆发了，他边哭边喊："你们都不喜欢我了，你们都不爱我了，你们把我扔掉吧！我最后悔的事情就是让你们生小妹妹，我恨不得把小妹妹送人！"听到乐乐的话，妈妈意识到最近对于乐乐太忽视了，虽然在怀孕期间妈妈就看到过父母如何协调老大与老二之间的关系，但真正要做的时候，还是因为新生命的到来没有顾及到乐乐的情绪和感受。为此，妈妈示意爸爸安抚乐乐，让乐乐痛痛快快地发泄一通。等到乐乐发泄完了，爸爸带着乐乐去看了电影，晚上又陪着乐乐睡觉，乐乐的情绪才好转了一些。

——案例来自爱普生涯儿童天赋能力成长中心

对待孩子，每一个父母都充满了爱，但是关于教养孩子，却未必每个父母都掌握了正确的方法。尤其是在二孩家庭，父母难免因为新生命的到来而忽略大孩子，因而把所有的时间和精力都花在小宝贝身上。实际上，这种做法是完全错误的。因为大宝贝一直以来独享父母的爱，所以大宝贝心理落差会更大。小宝贝则不同，他们一出生就有哥哥或者姐姐，习惯了与哥哥、姐姐分享父母的爱，而觉得一切都是理所当然的。因而二孩家庭中，处理好老大和老二的关系，关键在于父母要更加关注老大，从而让老大也发自内心地欢迎老二的到来。

还有的父母会有意识地控制和压抑孩子的情绪，他们看到孩子得意忘形、欣喜若狂，会要求孩子控制自己的情绪，不要过度高兴，也不要忘乎所以；他们最讨厌孩子哭泣，每当孩子开始哭泣，他们总是第一时间就要求孩子闭嘴，不要哭泣，这样一来孩子悲伤的情绪只能深埋在心底，日久天长当然会引起情绪的不适。实际上，情绪应该成为流动的水，才能时刻保持新鲜和干净清澈。如果情绪成为死水，就会像死水一样腐烂和变质。正所谓流水不蠹，孩子的情绪也要保持流动，如此才能维持健康的状态。

父母除了要对孩子投入更多的爱之外，更要对孩子有耐心，也要做到设身处地地为孩子着想，从而接纳孩子的真情流露。尤其是现代社会，很多父母因为忙于工作，因而对孩子往往没有耐心，看到孩子不当的举动，就会不问青红皂白地批评孩子，使得孩子的内心始终处于压抑的状态。有的父母还会呵斥、怒骂孩子，甚至对孩子动手动脚，这些行为都会严重伤害孩子的身心健康，这也是为什么现如今孩子之中出现攻击行为、发生恶性事件的概率越来越大的原因。每一个父母，都应该更多地关注孩子的情绪，从而有效帮助孩子保持愉悦的情绪，也可有效避免孩子情绪失控。很多父母对于孩子的评价标准都过于单一，总觉得"听话"的孩子才是好孩子。殊不知，如果孩子不能表达自己的情绪，不能及时宣泄自己的情绪，在"听话"的背后，是他们委屈的心，也是他们扭曲的情绪。不得不引起注意的是，很多父母都会花费大量时间和精力照顾孩子的吃喝拉撒，而在精神上却忽略孩子，使孩子陷入孤独的状态，这同样会使孩子情绪失控，从而吸引父母的关注。不得不说，教育要以人为本，不管是作为教育工作者的老师在课堂上，还是作为孩子人生守护者的父母在家中，都要关注孩子，才能更好地帮助孩子。记住，孩子的情绪宜疏不宜堵，父母唯有真正走进孩子的内心，才能让孩子健康快乐地成长。

这是我的，我的，我的

婴儿从出生到七八个月时，就萌生了初步的自我意识。为了验证婴儿是否真的能认识自己，曾经有心理学家让婴儿面对着镜子，看着镜子里的自己，然后又在婴儿的鼻子上点上红色的颜料，结果婴儿有意识地去抚摸自己的鼻子，这就意味着婴儿知道镜子里的人是自己的影像，也由此可见婴儿萌生了初步的自我意识。在此期间，婴儿对于一切喜欢的东西，都会本能地据为己有，他们只知道"我的"，而不知道"他的"，没有相对的自我概念。如果有人夺走他们的玩具，他们就会马上大哭起来，甚至歇斯底里。这实际上是自我意识在潜意识中的表现。直到不断成长，婴儿渐渐长大，大概到两岁半前后，他们才真正形成自我意识。所以很多细心的父母会发现，孩子两岁半的时候，开始护着自己的东西了。他们曾经愿意分享，现在却坚定不移地相信某件东西只属于自己，甚至不给父母触摸。很多父母把孩子的这种表现解释为"小气""吝啬"，却不知道这是孩子成长过程中会必然经历的自我意识觉醒阶段。

自我意识并非天生的，而是孩子作为生命个体，在成长的过程中与客观环境相互作用而形成的。因此，自我意识是后天形成的，也可以通过矫正最终变得更健康。对于每一个孩子而言，自我意识的形成和发展都至关重要，自我意识的建立，甚至会影响孩子的一生。因而父母一定要积极地引导孩子，帮助孩子客观认知自己，也与外部的世界建立良好的关系。如果孩子自我意志薄弱，那么就会在成长过程中胆小怯懦，过于随波逐流；如果孩子自我意识过强，又会变得偏执，甚至固执己见。相比之下，唯有保持适度的自我意识，孩子才能健康成长，也才能让自己的人生发展顺遂。

一岁多的时候，晨晨只有初步的自我意识，例如看到妈妈抱着其他的小朋友亲昵，她会很生气，走过去抱住妈妈，口中不断说道："这是我的妈妈。"或者是看到其他小朋友玩她的玩具，她也只是看一眼就低下头继续自己的事情，当情绪不好时，她就会把东西拿回来，不给其他小朋友玩。有的时候和妈妈说话，晨晨还会称呼自己为晨晨，这都是自我意识觉醒和初步形成的表现。

然而，到了两岁半，妈妈突然发现晨晨变得不乖，也不友好了。例如前段时间妈妈给晨晨买了一块巧克力，为了防止晨晨吃太多巧克力，妈妈和往常一样想与晨晨分享。不想，妈妈刚刚拿起巧克力，晨晨突然大喊大叫起来："这是我的，这是我的！"说完，晨晨还上来对妈妈挥舞起巴掌，眼泪顺着小脸蛋滚滚而下。妈妈觉得莫名其妙：不是和以前一样分享巧克力吗？但是妈妈忘记了，几个月没吃巧克力，晨晨的自我意识完全觉醒了，短时间内她不想和妈妈分享美味的巧克力了。

——案例来自爱普生涯儿童天赋能力成长中心

当自我意识薄弱时，孩子们主要依靠外界的投射认识自己。因而，父母每时每刻都与孩子亲密接触，最有机会引导孩子，帮助孩子建立正确的认知。这样一来，孩子就受到积极的影响，从而加速自我意识的建立过程。就像以上事例中，妈妈虽然在晨晨一岁前后也认识到晨晨有了初步的自我意识，却没想到晨晨的自我意识发展很快，因而没过多久就不愿意继续和妈妈分享巧克力了。当然，在这个特殊时期，妈妈不要强求晨晨，而应该顺其自然。然后以恰当的方式引导晨晨正确认识自己，例如可以给晨晨安排收拾玩具的工作，让晨晨认识到玩过玩具之后，把玩具放回去是她的分内之事。再如，也可以让晨晨帮着妈妈择菜，让晨晨意识到自己也是家庭中的一员，理应为家庭做力所能及的事情。

除了帮助孩子建立自我意识，父母还应该引导孩子进行积极的自我评价。曾经有心理学家指出，大概从四岁开始，孩子就具备了相应的自我评价能力，这就意味着孩子形成了自我意识的核心能力，这对于孩子的成长和发展至关重要。当孩子妄自菲薄的时候，父母要帮助孩子认识到自身的缺点。因为孩子的自我评价越高，他们就越是变得自信勇敢，也会渐渐形成乐观开朗的品质。所以，父母既要在物质方面满足、照顾孩子，也要从精神上关爱孩子，教会他们进行自我提升，让自己成为孩子的正确引导者，帮助孩子健康成长，不断强大。

和小金鱼一样只有七秒钟的记忆吗

众所周知，一个人学习能力的高低，主要取决于他的理解能力和记忆能力。所以，如果孩子忘性大，那么就很难在学习上有出类拔萃的表现，为此每一个父母都很关心孩子这方面的情况，希望自己的孩子是过目不忘的神童，还有些心急的妈妈听说背诵古诗有助于提升孩子记忆力，甚至在怀胎才几个月时就抚摸着肚皮教腹中的胎儿背诵古诗。然而，等到孩子出生之后，尤其是进入幼儿阶段，有的父母就发现了自己孩子和其他孩子的差距，他们羡慕别人家的孩子背诵古诗朗朗上口、声声押韵，却遗憾地发现自己的孩子不但没有记住胎教的古诗，甚至连自己刚刚教授的古诗都记不住，为此父母总是倍感挫折，甚至以为自己的孩子完全没有记忆力，或者怀疑孩子的记忆力和小金鱼一样只有七秒钟的时间。难道事实真的是这样吗？这样的想法当然是错误的，因为再小的孩子，也有记忆力。此外，记忆力也并非天生的，所以孩子不会天生记性差。记忆力是一种能力，是可以通过后天的训练不断提高的，在爱普生涯儿童天赋能力成长中心这样的例子数不胜数。爱普生涯幼儿天赋开发专家建议：父母要积极地培养孩子的记忆力，帮助孩子掌握记忆技巧和方法，这样孩子到了学龄阶段在学习上才会更加轻松。

德国大名鼎鼎的心理学家艾宾浩斯专门对记忆力进行研究发现，在学习之后，人们马上就会开始遗忘，然而遗忘的过程并非是均衡的，而是有一定的规律可循。艾宾浩斯根据每次研究的结果，对遗忘的内容以曲线的形式表示，这就是举世闻名的艾宾浩斯遗忘曲线。艾宾浩斯遗忘曲线告诉我们，有三个要素对遗忘的进程起到关键的影响作用，即时间间隔、记忆的百分比和遗忘的百分比。从不同时间的记忆百分比和遗忘百分比可以看出，遗忘的速度遵循先快后慢的规律，即记忆的最初阶段遗忘最快，随着时间的推移，遗忘的速度渐渐放缓。尤其是在记忆后的48个小时内，如果从不巩固记忆，那么遗忘的百分比就会达到72%。由此可见，要想保持记忆的效果，及时复习和巩固是至关重要的。从这个角度而言，不仅孩子的记忆和金鱼一样只有七秒，哪怕是成人，要想记住某些知识，也做不到一下子就牢牢记住。唯有遵循记忆曲线的提示，在记忆开始后的48小时内及时巩固，才能让记忆更加牢固。了解了这个规律，父母在帮助孩子提升记忆力方面必然事半功倍，效率倍增。

晨晨已经三岁了，但是很难记住心急的妈妈教给她的各种古诗。看到其他三岁的孩子背诵古诗那么熟练，妈妈带着晨晨去幼儿园面试的时候未免觉得有些尴尬。幸好这是一家私立幼儿园，也不要求入园的孩子都是天才，所以晨晨才能通过面试，得以去幼儿园上学。

有一段时间，晨晨迷恋上听儿歌，每天都会用妈妈为她买的火火兔不停地播放儿歌。有的时候，她还央求妈妈为她打开电视，看上面播放的贝瓦儿歌。没过多久，妈妈突然发现晨晨能唱出一首完整的儿歌了。妈妈简直欣喜若狂，已经绝望的心又燃起希望，马上找出古诗，又开始教晨晨背诵"鹅鹅鹅，曲项向天歌"。然而，过了没几天，妈妈再检查晨晨的古诗，发现晨晨早已把古诗忘到爪哇国去了。妈妈不由得灰心丧气：难道这家伙天生对古诗不感冒？想到这里，妈妈把古诗图书丢到一边，再也不想尝试了。

进入幼儿园没多久，老师也开始教孩子们学唱儿歌。一首新学的儿歌，晨晨很快就会唱了，老师直夸赞晨晨"记性好"，妈妈却说晨晨是个"迷糊脑"。老师笑着说："晨晨妈妈，不能这么说孩子哦！"晨晨妈妈向老师讲述了自己的苦恼，老师问妈妈："那么你有没有及时给她巩固呢？"妈妈说："为了检查记忆效果，我一般都是隔两三天给她巩固。"老师听了忍不住捂住嘴窃笑："晨晨妈妈，是你不知道记忆规律哦，你可以百度下艾宾浩斯遗忘曲线来看看，你就知道要在尽量短的时间里帮助孩子巩固记忆，孩子才能记得牢。过了48个小时，孩子就忘记得差不多了！"听了这话，晨晨妈妈有些不好意思地说："啊，原来这样啊，那我回家马上就检查，看来当妈妈还真得多学习呢！"

——案例来自爱普生涯儿童天赋能力成长中心

案例中，晨晨之所以总也达不到妈妈的满意，并非因为她真的是"迷糊脑"，而是因为妈妈不懂得记忆的规律，更不知道所谓的遗忘曲线，因而导致晨晨在学习古诗之后的 48 小时里几乎把古诗忘光了才来检查，这不是故意是什么？为了避免故意把孩子变成小迷糊，每一个妈妈都应该了解记忆曲线，从而有效地帮助孩子提升记忆力，也训练孩子拥有更强的记忆力。

此外，从生理角度而言，孩子的大脑还处于生长发育期，因而他们的逻辑思维很差，思维也不够缜密。这样的思维混乱状态，也会使孩子在记忆方面感到吃力。所以父母要耐心等待孩子成长，也要给予孩子足够的信任。对于每一个孩子而言，他们都有自己的花期，何时绽放取决于他们生命的规律。当然，如果确定孩子记忆力比较差，那么父母可以带孩子检查微量元素，因为有极少数孩子会因为微量元素缺乏而导致容易遗忘。总而言之，孩子不是天生的遗忘大王，父母要相信孩子的记忆力，也要相信只要方法得当，孩子的记忆力就能稳步提升。

真的还是假的？假的

很多父母都会懊恼地发现，随着孩子的不断成长，孩子虽然语言表达越来越顺畅，但是在很多事情的判断上却会出现失误。例如，当父母问孩子某件事情是真的假的，孩子明明已经以实际行动证明了事情的真假，口中却毫不犹豫地回答"假的"。一开始，父母会怀疑孩子在撒谎，几次三番看到孩子一本正经的小脸蛋，父母又会感到孩子是认真地在回答"假的"。在这种情况下，父母也开始困惑了：孩子知道真假的意思吗？不然为何总是要把真的说成是假的呢？而且还这么一本正经的，看起来是真的认为是"假的"啊！

父母的猜测是对的，孩子小的时候的确分不清真假。很多三岁大小的孩子，对于真假的概念还不是很明确。当他们面对真的事情说出"假的"时，只看他们的表情，你会了解他们是想表达"真的"的意思。因而父母要引导孩子学会分清真假。实际上，孩子很难分清真假概念，那么父母就要让孩子先认识真假，尔后再对真假形成概念。这样一来，孩子就会渐渐地分清楚真假，也就不会把真的说成假的了。

晨晨三岁了，近来小嘴吧嗒吧嗒的，每天都要说很多话。有的时候，晨晨还会主动和父母交流，这让爸爸妈妈意识到晨晨长大了，也更愿意和晨晨"聊天"了。一天晚上，晨晨正准备睡觉，突然说饿了，要吃东西。

爸爸问："你饿了吗？你不是刚刚吃过一个苹果吗？你说的是真的还是假的？"晨晨毫不犹豫地回答："假的。"听到这个回答，爸爸就不着急给晨晨拿东西吃了。晨晨坐在被窝里等啊等啊，等了一会儿也不见爸爸给她拿东西吃，因而着急起来："爸爸，我快饿死了，你快给我拿东西吃啊！你看，我的肚子都饿瘪了。"爸爸很困惑，又问晨晨："你饿了，是真的还是假的？"晨晨依然不假思索地回答："假的。"这下子，爸爸才明白原来晨晨说的"假的"就是"真的"的意思。看到晨晨饿得难受的样子，爸爸赶紧去给晨晨拿面包吃了。

又有一次，晨晨要和爸爸出去玩。爸爸问："晨晨，天气有点儿冷，还刮大风，你愿意出去玩吗？"晨晨说："愿意。"爸爸问："真的愿意吗？真的还是假的？"晨晨毫不犹豫地说："假的。"爸爸继续问："你想出去吗？"晨晨回答："想。"爸爸带着晨晨出去玩，耐心地对晨晨说："晨晨，你要说真的想出去玩，假的是不想出去玩。"晨晨似懂非懂地看着爸爸，重复着爸爸的话，小脑袋不停地转来转去。后来，爸爸经常向晨晨灌输真的和假的的概念，不久晨晨果然能够正确使用"真的""假的"来回答爸爸的提问了。

——案例来自爱普生涯儿童天赋能力成长中心

孩子的成长需要漫长的过程，他们不仅身体不断成长，思想和心理也日渐成熟。然而，孩子需要发展方方面面的能力，诸如思维能力、语言组织能力等。作为父母，在孩子成长的过程中始终扮演着重要的角色，不但要照顾孩子的吃喝拉撒，还要引导孩子心理渐渐成熟。

从新生命呱呱坠地，到不断成长，这一过程中孩子需要接纳的东西很多。在不断与世界磨合的过程中，孩子身体在不断成长的同时，心理上也日渐成熟，因而他们才能分清楚很多真实的事物，也能区分各种虚幻的观念。有的时候，孩子也会因为分不清楚现实和想象，而导致出现撒谎的行为。那么父母就要区分孩子到底是在撒谎，还是把想象当成了现实，这也是孩子成长过程中必然经历的阶段，父母必须了解孩子的身心发展规律，才能给予孩子更好的帮助和扶持。

第二章

做尽职尽责的父母，用爱与尊重为儿童营造成长的天空

很多父母一提起孩子就抓狂，因为他们觉得孩子并不如预期中那样能给自己的脸上增光，也觉得孩子简直就是问题和麻烦的根源，总是让自己不知所措，甚至精神崩溃。实际上，如果换个思路，站在孩子的角度上来看待父母，那么父母就会知道自己在孩子心目中的形象和地位了。实际上，父母与子女的关系尽管是世界上最亲密无间的关系，但也是普通人际关系的一种。众所周知，与他人相处，尊重是前提。那么要想成为合格且优秀的父母，就要用爱与尊重为孩子营造成长的天空，也让自己真正肩负起为人父母的责任和义务。

我偏不，偏不，偏不

这个世界上有很多人都自以为了解自己，实际上自己就是自己最熟悉的陌生人。这个世界上有很多父母都自以为了解孩子，但实际上对于他们而言，在某一刻，孩子却又显得那么的陌生而又遥远。孩子呱呱坠地的那一刻，父母的确是第一个抱起孩子、把孩子紧紧贴在自己胸膛的人。而在之后的岁月里，父母子女之间，却是一场渐行渐远的修行，父母一面渴盼着那个柔软肥白的小生命不断地茁壮成长，另一面却又在目送孩子的过程中不得不接受孩子的远离。等到孩子真的如父母所愿张开翅膀翱翔人生之际，父母却已经老了，走不动了，只能留在原地目送孩子的身影，也在心底里默默祝福孩子的人生一帆风顺、繁花似锦。

尽管父母与孩子的人生三言两语就能概括，但是孩子成长的过程却是漫长而又充满艰难坎坷的。父母要陪伴孩子不断地成长和壮大，也必然要付出更多的时间和心力。尤其是当孩子从完全信任和依赖父母，到渐渐地开始质疑父母，父母更要经历内心的失落和颓废，也要学会应对孩子的否定，勉强保持自己作为父母的尊严和权威。其实，孩子并非天生就喜欢和父母作对，他们曾经被赞美是爸爸和妈妈的小情人，只是成长让他们有了主见和独立的意识，也因此与父母有了更多分歧。在这种情况下，父母哪怕再不乐意，也无法让孩子始终留在自己身边。而要想更多地参与孩子的成长，当孩子说出"我偏不"三个字时，父母一定要保持平静的情绪和淡定的心境，这样才能真正以智慧赢得孩子的信服，也让亲子关系变得更加缓和。

　　一直以来，妈妈从来不知道乐乐是胆汁质的性格类型。了解心理学的朋友们会知道，胆汁质性格的人热情冲动，性格直率，是性情中人。而且他们的情绪很容易在波峰与波谷之间徘徊，时而热情高涨，时而低落消沉。乐乐就是这样的一个孩子，性格执拗，时而热情似火，时而愁眉不展。面对这样的乐乐，妈妈时常觉得苦恼，尤其是当乐乐表现得很叛逆，公然与妈妈对着干时，妈妈甚至会气狠狠地揍乐乐的屁股。尽管乐乐只有五岁，但是乐乐从未妥协过，始终与妈妈针锋相对。

　　直到有一次与大学同学聚会，妈妈带着乐乐一起参加。席间，有一位大学毕业后深造儿童心理学的男同学看到乐乐与妈妈又开始闹别扭，而妈妈则说起乐乐的各种不省心，那位男同学才告诉妈妈："你家乐乐是胆汁质啊，这种性格非常桀骜不驯，所以你要顺着他，而不要强迫他，不然就会起到完全相反的效果。"同学的话让妈妈很惊讶，在此之前妈妈从不知道乐乐是胆汁质的性格类型，虽然大学期间的心理学教程也曾经提起性格的分类，但是妈妈没有从心理学的角度去分析乐乐。意识到乐乐的性格类型，也因为同学的建议，妈妈决定改变对待乐乐的方式。她不再对乐乐用命令似的口吻说话，也不再强迫乐乐做他不喜欢做的事。虽然乐乐才五岁，但是妈妈很尊重乐乐，也坚持平等对待乐乐。一段时间之后，妈妈与乐乐果然相处得如同朋友一样，彼此和谐融洽，再也没有因为性格不合而争吵了。

　　　　　　　　　　　　——案例来自爱普生涯儿童天赋能力成长中心

事例中，妈妈了解了乐乐属于胆汁质性格，才能有的放矢地与乐乐和平相处。而在此之前，她总是强迫乐乐，导致产生了相反的作用和效果，所以亲子关系非常紧张。毋庸置疑，每一个父母都希望能与孩子亲密友好地相处，然而，他们怀着对孩子深沉的爱，却总是与孩子针锋相对，导致亲子关系紧张，也使得内心的无助感徒增。

从本质上而言，每一个人都是这个世界上独一无二的个体，每一个人的性格都没有好坏之分。孩子的性格是天生的，父母必须正确意识到一点，那就是性格并不能完全决定孩子的命运和人生。作为父母，一定不要对孩子的性格抱着先入为主的态度和固执的想法，而要努力顺应孩子的天性，从而激发出孩子内在的伟大力量。当然，性格并非是单一的，很多孩子也许表现得内向，也许表现得外向，这只能说明他们的性格中内向占据主导地位，或者外向性格的特征更加明显，这但并不意味着他们的性格是单一的。所以尽管父母不能改变孩子的性格，却可以引导孩子发挥性格中积极的一面，从而让孩子扬长避短，也让孩子更加健康快乐地茁壮成长。

爸爸妈妈，你们都不信任我

古希腊大名鼎鼎的医生希波克拉底认为，人体内含有四种液体，分别是血液、黏液、黄胆汁、黑胆汁。而这四种液体在人体内的含量各不相同，也因此人的外在表现也各不相同。后来，俄国著名的生理学家巴浦洛夫经过研究发现，人体内的神经系统发生变化的过程，根据兴奋和抑制的具体表现，可以分为强度、平衡性与灵活性三种特征。把这三种特征进行差异组合，可以把人的神经活动分为四种，这与希波克拉底对人体液体的分类正好对应。为此，巴浦洛夫把人的性格分为胆汁质、多血质、黏液质和抑郁质四种类型。

当然，每个人的性格并非只表现出其中一种类型的性格特征，大多数人的性格都是复合型的，即以某一种性格类型占据主导地位，而以其他的某一种或者两种、三种性格类型作为辅助地位。不仅成人这样，儿童也是如此。因而很多父母误以为自己生养了孩子就一定了解孩子，实际上他们对于孩子根本不了解，这使他们很容易误解孩子，也会因此而伤害孩子脆弱的心灵。由此可见，要想成为合格且优秀的父母，父母首先要了解和信任孩子，才能打开孩子的心扉，走入孩子丰富多彩的内心世界。否则，在不了解孩子的情况下，父母哪怕对孩子付出再多的精力和心力，也会导致在教育孩子的道路上南辕北辙，得到与期望值完全相反的结果。

转眼之间，乐乐已经从五岁的小男孩变成了十岁的小小男子汉，他的胆汁质性格特征也愈发明显起来。与此同时，他偶尔也会表现出抑郁质的性格特质。例如，当妈妈对他说出不假思索的话，原本妈妈是无心的，乐乐却会表现得很受伤。这种情况下，他的热情就消失得无影无踪，而感情的抑郁则占据了主流。所以哪怕乐乐平日里表现大条，对很多事情满不在乎，妈妈也在乐乐面前谨言慎行，尤其是当乐乐心情抑郁寡欢时，妈妈更是小心翼翼，不想让乐乐的内心受到伤害。

有一次，妈妈看到乐乐七点钟就坐在电脑前玩游戏，因而很担心，便顺口问道："乐乐，你的作业写完了吗？"乐乐点点头，说："嗯，写完了。"妈妈又问："今天的课外作业呢？"乐乐回答："也写完了。"妈妈很惊讶，不假思索地反问："真的吗？"乐乐没有回答妈妈的话，而是默默地关上电脑，回到自己的房间里开始看课外书。妈妈做好饭喊乐乐吃饭，乐乐也没吭声。爸爸意识到乐乐有可能是闹情绪了，因而去房间里查看乐乐的情况。果不其然，乐乐正把自己蒙在被子里哭泣呢！爸爸问清楚情况后，对乐乐说："乐乐，你课外作业到底做完没有？"乐乐更委屈了："爸爸，你也不相信我，你和妈妈都不相信我？"爸爸语重心长地对乐乐说："爸爸妈妈没有不相信你，只是想和你确定一下。你要知道，人与人之间的信任并不是无条件的，而是要在漫长的时间里相互建立的。就像有的时候妈妈会提醒你做作业，你常常觉得妈妈怀疑你没做完，实际上妈妈只是提醒你，而不是质疑你，所以才会采取提醒的方式，知道吗？"爸爸的解释让乐乐的心情渐渐恢复平静，爸爸对乐乐说："你只需要回答'已经做完'，就非常完美了，知道吗？因为爸爸妈妈并没有真正怀疑你啊。你不要那么敏感，也不要在心里把爸爸妈妈想象成怀疑你的样子，知道吗？"乐乐点点头。

——案例来自爱普生涯儿童天赋能力成长中心

在这个事例中，乐乐原本是典型的胆汁质性格的孩子，但是他的性格并不单一，偶尔也会表现出抑郁质性格的特质，即内心敏感而又脆弱。如果说乐乐小时候表现出胆汁质性格更多，那么随着成长，他的心思会更加细腻，他的抑郁质性格特征也渐渐表现出来。面对复合型性格的孩子，父母一定要根据孩子具体的表现和当时的情绪状况做出判断，从而也给孩子最恰到好处的对待。假如父母一味地想着孩子是胆汁质性格，神经大条，那么当孩子性格中的抑郁特征占据主导地位时，孩子就会非常郁闷，也无法得到父母温柔细腻的关注。

也许有些父母会感到困惑，为何孩子的性格这么复杂？其实，不是孩子的性格复杂，而是每个人的性格都很复杂。在小时候，孩子也许因为心思单纯，所以性格也表现得比较纯粹。而随着渐渐长大，孩子的心思越来越细腻，所以他们的性格特征也变成了复合型，曾经隐藏在他们内心深处的性格特质也表现出来。在这种情况下，父母就要更加用心了解孩子，也要更加全面周到地对待孩子，才能真正走入孩子的内心，掌握孩子的性格特点，从而帮助孩子健康成长。需要注意的是，不管是胆汁质、多血质，还是黏液质、抑郁质，性格都没有好坏之分，都各有优势和劣势。因而父母也不要因为孩子属于不同的性格类型，就对孩子先入为主地进行判断。记住，孩子的人生充满无限的可能性，只有孩子才能成为他自己人生真正的主宰，也才能成为自己命运当之无愧的掌舵手，而父母的爱与理解、信任，将会为孩子的人生增加助力，也让孩子的进步事半功倍。

我快憋死啦

自从推行独生子女政策以来，大多数工薪阶层和知识分子阶层，都积极响应国家号召，坚持只生一个好。这也造就了独生子女的一代又一代。直到前两年废除独生子女政策规定，才有更多的家庭选择再生一个孩子，打破孩子成长过程中孤独的坚冰，也让孩子的成长历程多了兄弟姐妹的陪伴。所以 2015 年后，独生子女开始减少，而在此之前，向前追溯到 20 世纪 70 年代末期提出独生子女政策的 40 年时间里，有很多家庭都是独生子女家庭。只有一个孩子，让父母难免把所有的爱都倾注到孩子身上，过分地关注甚至让孩子觉得喘不过气来，也恨不得让自己隐形，从而避免被父母亦步亦趋地紧盯着。

也许有些父母会说如今的孩子身在福中不知福，明明得到了所有家人的疼爱和宠爱，却毫不知足，反而怨声载道。实际上，父母又何曾知道，随着孩子的不断成长，他们再也不像呱呱坠地时那样需要一分一秒都要在父母的监护和照顾下成长。当孩子长大成人，他们更渴望拥有自己的独立空间。在进入青春早期之后，孩子最显著的特点之一就是摆脱父母的照顾而一个人独来独往，当个独行侠。或者他们会和同学走得更近，因为他们与同学之间更有共同语言，也更能获得心灵上的理解和共鸣。是父母的关注和照顾反而让他们觉得自己快要被憋死了。

乐乐上四年级的时候，就曾经和妈妈提出自己要独自去上学。因为大城市里早高峰时段车水马龙，所以虽然家距离学校很近，妈妈思来想去，也没有答应乐乐的请求。然而，五年级刚开学，乐乐已经十一岁了，所以他又再次和妈妈说起自己想独立上下学的愿望。对此，妈妈还是很犹豫。无奈之下，乐乐只好威胁妈妈："如果你继续送我去学校，那我还是不要上学了，我都被同学们笑话死了，有很多家比较远的同学，都已经独立上学和放学了。"看到乐乐态度如此坚决，妈妈只好妥协。但是她规定乐乐不管是早晨到达学校，还是下午放学离开学校，都要给她打个电话。虽然乐乐觉得没必要，但是为了自由，他还是勉为其难地同意了。

有一天，乐乐放学后打扫卫生，忘记及时给妈妈打电话了，妈妈接连打了几个电话乐乐都没有接，因而担心地冲到学校。当时，乐乐打扫完卫生正与同学聊天呢，看到乐乐开心的样子，妈妈误以为乐乐故意不回家而在学校里，当即冲着乐乐大喊大叫。乐乐当着同学的面丢了面子，感到很难堪。他不理妈妈，回到家里之后就把自己关在房间里，妈妈依然喋喋不休，完全没有问乐乐是怎么回事。最终，乐乐忍无可忍，打开房间的门冲着妈妈喊道："我要死啦，我都快憋死了，你就像看犯人一样看着我，我还不如犯人呢！简直生不如死！"妈妈觉得很伤心，不知道乐乐这是怎么了。

——案例来自爱普生涯儿童天赋能力成长中心

在这个事例中，妈妈显然过度关注了乐乐。也许在小时候，孩子需要父母的呵护和疼爱，但是随着孩子的不断成长，他们也需要有自己的空间，需要有自己的朋友和对于学习及生活的安排。在这种时候，父母应该学会从台前隐居到幕后，给孩子做好后援工作，成为孩子的坚强后盾，而不要还和之前一样对孩子颐指气使，甚至不给孩子任何独立自主的空间。每一个父母都要记住，孩子不是父母的附属品，虽然孩子因着父母来到这个世界上，但是孩子是一个独立的生命个体，既不受父母的安排和指令，也不因为父母而彻底改变自己的人生。所以，现实生活中很多父母都把自己未完成的理想和志向寄托到孩子身上，这完全是错误的。

明智的父母，知道父母子女一场，是渐行渐远的修行。唯有学会对孩子放手，才能让孩子展翅翱翔，飞到更加辽阔高远的地方去，也才能让孩子真正拥有自己的人生，从此活出属于自己的精彩，变得与众不同。

我已经长大了

从新生儿呱呱坠地开始,父母就盼着孩子能够快快长大,成为顶天立地的人,也拥有自己精彩充实的人生。然而,孩子的成长过程是漫长的,看着娇嫩柔软的小生命在自己身边依偎,日久天长,父母还会对小生命感到眷恋,甚至舍不得孩子长大。因而常常有父母在心里暗暗地对孩子说:"宝贝你慢慢地长,再让妈妈多陪陪你,多照顾你。"这样的心态和盼望孩子尽快长大的心态截然不同,也可以说这样的父母是在享受呵护和照顾孩子成长的过程。正因为如此,当孩子渐渐长大,与父母渐行渐远,父母也就会对他们的成长产生抵触心理。很多父母潜意识里都认为,孩子只有是未成年时才会乖乖地留在父母身边。

父母照顾孩子似乎是天性使然,尤其是妈妈对于孩子的照顾更是无微不至。然而,孩子小时候也许享受妈妈的照顾,等到长大了,就会意识到自己长成大人了,成为家里的顶梁柱或半边天了,不但想自己做主,也想为爸爸妈妈和自己的家庭遮风挡雨,撑起人生的天空。在这种情况下,父母一定要学会放手。从孩子独立自主的角度而言,如果一味地要求孩子顺从和依赖父母,就会违背孩子成长的天性,也会遭到孩子的抵触;从人生的角度而言,父母哪怕再爱孩子,也不可能一辈子陪在孩子身边,更不可能永远为孩子遮风挡雨。如果父母的过度疼爱使得孩子各方面的能力发展都受到局限，那么，当父母需要孩子独立或者想要依靠孩子照顾时，才会遗憾地发现孩子始终停留在小时候，他们年纪尽管增长了，但是心态依然幼稚，总是过分依赖父母，也从未为生活忧愁。在这种情况下，孩子当然无法照顾自己，也无法支撑起自己的人生，更无法照顾父母，给予父母安乐的晚年生活。从这个角度而言，放手是对孩子最好的爱，也是对孩子负责的态度，能够帮助孩子尽快成长起来，成为顶天立地的人。

自从乐乐忍无可忍发出"我都快憋死了"的呐喊后，妈妈尽管想不明白乐乐为何突然与自己如此疏远，而且对于自己的爱这么排斥和抗拒，但她还是选择了接纳孩子的成长，也尝试着让自己渐渐退出乐乐的生活的幕后，成为乐乐最坚强的支持和后盾。

乐乐自己去上学，原本的起床难问题也不复存在。因为妈妈说如果起床太晚，就让爷爷骑着电动车去送乐乐，所以乐乐每天早晨七点都能准时起床，然后七点半走出家门，奔赴学校。为此，妈妈忍不住感慨：自由的力量真大啊！的确，对于已经进入青春期的乐乐而言，对自由的向往超过一切。眼看着暑假到了，因为期末考试中乐乐的英语成绩有些不稳定，考虑到一年之后就要冲刺小升初，所以妈妈为乐乐报名参加了英语补习班。在此之前，乐乐上补习班都由妈妈负责接送，这次，妈妈主动提出："乐乐，你自己坐公交车去上补习班吧，记得上课要认真听讲，过马路要小心。"听到妈妈的话，奶奶第一个不乐意了："什么？让他自己去上课，补习的地方远，还要坐公交车呢！"妈妈笑着对奶奶说："妈，他已经长大了，可以自己去上课了！"奶奶不以为然："坏人还长大了呢，他万一遇到危险怎么办呢？"

看到奶奶把妈妈一顿抢白，乐乐觉得有些过意不去，当即向奶奶表态:"奶奶,我真的已经长大了。您看,我这一个学期不都是自己上学放学吗?我已经有安全意识,也能照顾自己啦。"说完,乐乐还跑到奶奶面前和奶奶比肩而站:"看吧,奶奶,我都比你还高了呢!"看到乐乐对自己去上补习班这么欢喜,奶奶也无话可说,只好同意了。乐乐去上课的整个上午,奶奶都在家里坐立不安,心神不宁,直到乐乐捧着热乎乎的烤蜜薯回到家里给奶奶吃,奶奶才眼睛里闪耀着泪花不停地说:"我的孙子长大了,真的长大了!"奶奶的感慨让乐乐油然而生男子汉的骄傲,他拍着胸脯对奶奶说:"奶奶,以后我每个周末去补习,都给你买烤蜜薯。"

——案例来自爱普生涯儿童天赋能力成长中心

在大多数人的观念中,男孩应该更有担当,所以对于乐乐的成长,妈妈从最初的舍不得放手,到后来的主动放手,最终让乐乐变得更加独立坚强。如今,很多父母因为孩子是独生子女,所以就把所有的爱和关注都倾注到孩子身上,导致对孩子呵护得无微不至,在这样的照顾中,孩子各方面的能力也都无法得到很好的发展。实际上,没有人能够照顾孩子一辈子,与其让孩子成为套中人,胆小怯懦,没有担当,还不如及时放手,让孩子独立自主,勇敢面对人生的风风雨雨和艰难挫折。

"我已经长大了!"这不仅仅是孩子对于世界的宣言,也应该成为父母放手的理由。如果父母总是因为各种各样的原因对孩子舍不得放手,就会错过孩子成长的最佳时期,也导致孩子畏缩怯懦,不敢直面人生。显而易见,这样的结果是每个父母都不想看到的。作为父母,与其羡慕别人家的孩子,还不如反思自己,想清楚其他孩子的父母是如何教育和引导孩子的,这样才能从教育的根源反思和调整,也才能让孩子尽快独立,加快成长。

我什么也不想做

孩子的成长,离不开父母的陪伴。然而,很多父母在陪伴孩子的问题上总是陷入误区,怀有错误的观念。在孩子小时候,他们觉得只要给孩子吃饱穿暖,就已经尽到了做父母的责任和义务。因而很多父母都忙于工作,每天忙碌奔波,美其名曰给孩子更好的物质条件,实际上无形中却忽略也错过了孩子的最佳成长陪伴期。后来,随着孩子渐渐长大,父母又觉得孩子有能力独立了,因而只要给孩子提供经济上的支持,孩子就可以满足。实际上,这样的思想完全错了。

曾经有心理学家经过研究发现,对童年时期缺乏父母陪伴的孩子,在成长的过程中,甚至在成年以后,心理上都会受到不同程度的影响。尤其是,很多农村的父母都会选择在孩子小时候外出打工,觉得孩子小时候不需要父母;很多城市中工作忙碌的父母,也会选择在孩子小时候把孩子寄养在农村的父母家中,从而让自己能够专心致志地工作。殊不知,对于孩子而言,缺少陪伴的童年哪怕拥有再多的物质和优越的条件,也是不快乐和不圆满的。因而明智的父母不会一味地考虑孩子的物质条件,而是更多地陪伴孩子,从不缺席孩子的童年。

自从乐乐独立之后,妈妈的生活也轻松了很多。以前每到周末,妈妈在辛苦工作一周之后也得不到休息,还要带着乐乐四处奔波上补习班。乐乐上课多久，她就要在教室外面等多久，等到带着乐乐回到家里，妈妈又要急急忙忙打扫卫生、洗衣做饭，总而言之，妈妈没有片刻时间能够休息。然而，在经历了对乐乐最初独立的担忧之后，妈妈的心渐渐安定下来，她意识到乐乐能够自己照顾自己，也有安全意识，就彻底放下心来。有的时候，乐乐让妈妈陪着他一起看电影，妈妈也总是推脱：你自己去看吧，我都陪着你看了这么多年的动画片了，你去看电影，妈妈在家上会儿网，买点日常用品。等到乐乐走出家门看电影，妈妈就会觉得很放松，听着音乐打扫卫生，或者睡个足足的午觉，她觉得精力充沛，神清气爽。

然而，最近这段时间，妈妈突然发现乐乐对于独立行动不感兴趣了。在没有课的周末，妈妈让乐乐去户外活动，乐乐也总是蔫头耷脑的不愿意去。就连最爱看的电影，乐乐也不愿意去看了。妈妈很纳闷，直到有一天，乐乐问妈妈："妈妈，你是不是不爱我了？"妈妈感到很震惊，赶紧问乐乐："你为什么这么说呢？"乐乐委屈地说："你现在不愿意陪我做任何事情，爸爸工作又很忙，我觉得很孤单。"妈妈疑惑地问："你不是喜欢一个人去上学和上补习班吗？"乐乐说："我是觉得自己长大了，很多事情都可以一个人干。但是，我并不觉得我不需要你了。有的时候，我也想和妈妈在一起，看电影的时候还可以交流一下呢！"妈妈恍然大悟："对不起，乐乐，妈妈最近可能真的有些偷懒了。其实，妈妈也担心跟你跟得太紧，你会觉得厌烦。要不这样吧，以后你想让妈妈陪伴的时候就说出来，想一个人的时候也告诉妈妈，好吗？你这么快就长大了，刚开始妈妈心中还很失落呢，我觉得你不需要我了，要学着离开妈妈的身边了。"乐乐抱着妈妈说："妈妈，不会的，不管我多大，我都需要妈妈。如果有一天我成家了，我也会抽时间来陪伴妈妈的，就像妈妈在我小的时候，时刻地陪伴我一样。"妈妈被乐乐说得眼泪婆娑，心中无比激动。

——案例来自爱普生涯儿童天赋能力成长中心

和案例中乐乐妈妈一样，很多父母也会误以为孩子长大了，就不需要父母的陪伴了，实际上，孩子哪怕进入青春期，也依然需要父母的温暖。有的时候，父母哪怕只是静静地坐在孩子身边，也会给孩子带来力量。事例中，妈妈意识到乐乐还需要自己，一定会有些小小的窃喜。要知道，每个人都渴盼自己被需要，因为被需要也是一种幸福，更是价值的体现。相信在妈妈的陪伴下，乐乐一定会更快乐。

现代社会，随着通信技术的发展，很多父母都过度依赖手机，根本无法做到全心全意陪伴孩子。诸如，他们在陪伴孩子时，时不时地就会接电话，或者看看微信朋友圈。在他们心中，误以为只要人在孩子身边就是陪伴，却不知道真正的陪伴是身心合一，是人在孩子身边，心也在孩子身边，是全心全意地关注孩子，观察孩子的情绪起伏，进而给予孩子更多的理解和支持。父母也许难以想象自己的陪伴对孩子有多么重要。有心理学家告诉人们，面对青春期的孩子，父母哪怕坚持每天陪伴孩子五分钟，对于孩子的人生都会起到至关重要的作用，也会带给孩子更多的温度和力量。为了拉近亲子关系，父母还可以保持拥抱孩子的好习惯。很多父母在孩子进入青春期之后，就觉得孩子不需要拥抱了，实际上哪怕你的孩子已经长大成人，也依然需要父母真诚温暖的拥抱。所以明智的爸爸妈妈们，请一定要用心陪伴孩子，并且把握好合适的度，给予孩子最恰到好处的亲子关系。

我偏偏就要这么做

很多父母都惊讶地发现，自从进入青春期之后，孩子就像变了一个人，总是与父母对着干，哪怕对于父母正确的意见和建议，他们也不由分说地表示反对，甚至公然抗拒。如果孩子本身就很调皮，父母接受孩子这样的状态还容易些。但是如果孩子此前一直都是父母心里的乖宝宝，那么面对孩子一夜之间就像变了个人，父母当然会觉得无法接受，甚至根本想不通其中的道理。

实际上，每一个父母除了要照顾好孩子的吃喝拉撒，更要关注和了解孩子的心理发育规律。进入青春期，孩子的叛逆心理的确会越来越强，因为他们要脱离家庭的束缚，也想要摆脱父母无微不至的照顾，从而变得独立坚强。但是，这并不意味着所有孩子的"对着干"都是叛逆。进入青春期之后，孩子的个性渐渐形成，他们不再是那个对父母言听计从的小屁孩，他们开始形成自己的思想和观点，也对于自己有了更多的期盼和要求。为了让自己变成梦想中的样子，他们不得不努力坚持自己，做最真实美好的自己。对于每个孩子的成长而言，这是一种进步，也是一种成功，而并非父母眼中的叛逆。

自从乐乐进入六年级之后，妈妈明显感觉到乐乐更叛逆了。例如，周末的时候妈妈想和乐乐一起去姥姥家，乐乐原本也的确想去看望姥姥，但是当这个安排从妈妈口中说出来之后，乐乐当即表示："我不想去姥姥家，我想自己留在家里复习功课。"妈妈无奈地看着乐乐，只好让乐乐中午自己点外卖吃，还叮嘱乐乐注意安全。有的时候，妈妈和乐乐一起去商场挑选鞋子，对于妈妈看上的鞋子，乐乐一律看不上，妈妈只好任由乐乐自己挑选，再也不随便发表意见。妈妈暗暗想道："乐乐一定是因为到了青春叛逆期，所以才会不管什么事情都与爸爸妈妈对着干。忍一忍吧，过了这段时间就好了。"

经过对乐乐一段时间的观察，妈妈发现乐乐并非故意与父母作对。实际上，乐乐的"我偏偏就要这么做"更像是一种个性。因为乐乐并非不分青红皂白什么都故意与父母对着干。最终，妈妈还是把乐乐特立独行的表现归结为个性。这样想来，妈妈非但不觉得乐乐是叛逆，反而有些欣赏乐乐的与众不同了。有一次，在亲子班会上，有个家长与乐乐妈妈聊天，问起乐乐是否叛逆，妈妈当着乐乐的面坦然回答："乐乐还是非常懂事的。一开始，我也觉得他是青春期叛逆，后来发现他并不是盲目地与别人不同，也不是不分青红皂白就反对我们的建议。现在，我认为他是有个性，他坚持自己的想法，有自己的立场和观点，非常可贵。"妈妈的表扬和赞美，让乐乐觉得很不好意思。他还从未见过妈妈当面夸自己呢，他害羞地低下了头。

——案例来自爱普生涯儿童天赋能力成长中心

的确，很多父母对于孩子的个性都会产生误解，当孩子坚持要怎么想或者怎么做的时候，他们总是误以为孩子是在叛逆期。的确，孩子十一二岁，正是进入青春期的时候，也开始了人生中最激烈的叛逆。很多父母一提起孩子青春期的叛逆，都会很担心，甚至不知道要如何面对孩子，更别说陪伴孩子顺利度过青春期了。实际上，叛逆完全是孩子正常的人生阶段。在青春期，如果一个孩子毫不叛逆，那反倒是应该担心的。叛逆的孩子往往更加独立，他们怀着信心和勇气，勇敢地摆脱父母的照顾，摆脱对家庭的依赖。相比之下，那些从来不懂得发表自己独立意见和观点的孩子，则更依赖家庭，甚至无法在精神上断乳。不得不说，叛逆是一种能力。只要叛逆在正常范围内，父母就要接纳孩子的叛逆，也要引导孩子减轻叛逆，从而顺利度过青春期。

需要注意的是，很多父母都会像事例中的乐乐妈妈一样，当孩子开始发出与父母完全不在一个频率上的心声，习惯了孩子的顺从和乖巧懂事的父母总是觉得难以接受，也因此误会孩子的个性是叛逆。其实，这是孩子有主见的表现，也是孩子个性的表现。父母要学会区分叛逆和个性，所谓叛逆就是不由分说就与父母对着干，而所谓个性，则是孩子表现出自己的观点和意见，并且绝不轻易地妥协和改变自己。因而父母不要给孩子形成错觉，更不要要求孩子不管做什么决定都顺从他人的意愿。对于孩子而言，在青春叛逆期形成自己的个性是至关重要的。否则，孩子的叛逆期就会延后，人生也会因为无条件地顺从变得怯懦和软弱，这对于孩子的人生才是更严重的结果。

我也要当家做主

很多父母都希望孩子快快长大，然而，很多父母却没有意识到，他们无微不至的照顾，正在让孩子远离长大，变得胆小怯懦。尤其是对于那些独生子女家庭，父母和祖辈对孩子细致入微的照顾，往往让孩子完全失去动手能力。曾经有大学报道：一个大学生因为在去宿舍的第一天不会铺床，而不得不坐了一个晚上；有的大学生居然从未见过带壳的鸡蛋，因为不会剥开鸡蛋壳，而只能面对着鸡蛋无从下口。不得不说，他们虽然都是品学兼优的好学生，但是他们的自理和生存能力实在太差了。他们也许能解开很多学习上的难题，却不知道如何搞定生活。这一切责任都不能完全怪罪到孩子身上，在这种让人匪夷所思的事情背后，是孩子在成长的过程中被骄纵的事实。试想，如果他们从小就是衣来伸手、饭来张口的小皇帝、小公主，他们如何能够了解人间疾苦，如何能让自己成长为一名生活的强者呢？！

如今，大多数父母都望子成龙、望女成凤。为此，面对孩子，父母唯一的要求就是希望孩子学习好。殊不知，就像一棵大树，唯有拥有坚强的根基，才能茁壮成长，所以做人一定要有优秀的品质。此外，在具备优秀品质之后，孩子还要具有主人翁意识。很多父母在做关于家庭的决定时，也许能做到夫妻之间有商有量，但是他们之中很少有人意识到也要征询孩子的意见。要知道，孩子也是家庭的一份子，也有权利对于家庭的诸多事务发表自己的意见和看法。所以要想营造民主平等的家庭氛围，要想帮助孩子树立主人翁意识，就要让孩子更多地参与家庭生活，父母要注意征询孩子的意见，也学会采纳孩子合理的建议。相信长此以往，孩子才会变得更坚强独立。但现实是有很多父母，面对想要参与家庭事务的孩子，总是以一句"你去学习吧，你的任务是学习，不要在这里瞎掺和"来拒绝孩子。可想而知，当孩子听到这句话后，该有多么伤心，就像一个人民代表突然失去了投票权，他们一定觉得自己的权利被剥夺了。所以面对孩子想要表达自己的意愿时，父母要理解孩子"小小主人翁"的思想，从而尊重孩子，平等地对待孩子，这对于孩子形成独立自主、坚强乐观的个性有很大的好处。

最近，家里的新房下来了，妈妈忙着和爸爸商量装修事宜。新房是个毛坯房，没有任何基础设施，必须彻底装修，为此妈妈和爸爸连日奔波，跑了好几家装修公司。然而，等到装修的事宜基本确定下来后，看到装修的效果图，乐乐对自己的房间很不满意。原来，妈妈把乐乐的房间设计成男孩子喜欢的海盗风格，但是乐乐却说："我喜欢简洁大方的，我已经长大了，不想要这些小儿科的玩意儿。"看到乐乐不领情，妈妈委屈地说："哎呀，你这个小崽子，我可是费尽心思才把你的房间设计方案确定下来的。你要是不喜欢，以后可别后悔。"说完，妈妈想了想，决定继续说服乐乐："儿子，还是按照妈妈和设计师确定的这样吧，不然不就白设计了吗？"乐乐不以为然地说："白设计就白设计，反正又不是我让你这样设计的。对于我来说，自己喜欢最重要，谁让你设计之前不先问问我的意见呢！"

敏感的妈妈一下子抓住了谈话的重点，对乐乐说："哦，原来你是嫌妈妈没有征求你的意见啊。你个小屁孩懂什么呢？装修是大事，肯定要由爸爸妈妈拿主意。"听到这话，乐乐不乐意了，说："既然这样，那你就和爸爸搬过去吧，我继续住在我的小房间里，我不嫌弃房子旧。"妈妈无计可施，看到乐乐倔强的样子，她很无奈。晚上爸爸下班回家，妈妈当即和爸爸说了乐乐关于他自己房间装修的态度，爸爸一拍脑门："我说呢，我总觉得咱们的装修少了个环节。哎，孩子大了，咱们的确要尊重他的意见。如果我们现在不让他参与家里的事情，那么有朝一日如果需要他为家庭出力，也许他也会很不乐意呢。""那到底怎么办啊？设计稿都出来了呀！"爸爸说："和设计师联系，让他与乐乐见一面，重新设计乐乐的的房间吧。至于家里的公共部分，如果乐乐有特殊的意见，也要参考。如果设计师不乐意，咱们可以给他加点儿钱，谁让这是咱们家庭内部的失误呢！"就这样，妈妈特意把设计师约到家里，和乐乐进行当面沟通。乐乐觉得自己很有面子，也变得开心起来。后来，不管家里有什么事情爸爸妈妈都会第一时间征询乐乐的意见，家庭氛围也变得越来越民主，越来越和谐融洽了。

——案例来自爱普生涯儿童天赋能力成长中心

在这个事例中，爸爸妈妈的确做得欠妥。面对着已经半大的儿子乐乐，他们不管做什么事情，都应该把乐乐作为家庭的小主人，征求乐乐的意见。哪怕是对于年幼的孩子，只要孩子有自己的想法，能够表达自己的意见，父母都不能搞"一言堂"。特别是关于孩子的事情，更要尊重他们的意见，才能合理圆满地解决问题。很多孩子之所以对父母的决定总是持反对和叛逆的态度，就是因为父母没有征求他们的意见，所以这样反而激起了他们的逆反心理。如果父母尊重孩子，总是把孩子的意见放在第一位，那么孩子也就不会处处与父母作对了。

明智的父母从不把孩子看得太轻，孩子不仅是祖国的花朵，更是整个家庭的希望和未来。要想让孩子长大之后有担当，父母就要从小培养孩子的主人翁意识，孩子也只有得到父母的尊重和信任，才会变得更自信，也才能支撑起属于自己的一片天空。

第三章

如何听,孩子才会说;
如何说,孩子才会听

  众所周知,沟通是人际交往的桥梁,如果没有沟通,人与人之间就无法相互理解,更无法熟知心意。由此可见,沟通在人际交往中的作用非常重要,哪怕是父母与子女之间,同样需要相互沟通,才能最大限度地了解彼此的心意,也让彼此的关系更加亲密无间。那么,作为父母,如何听,孩子才肯说呢?又要如何说,才能打动孩子的心,让孩子心甘情愿接受呢?这是个技巧,而且是每个父母都不得不知的与孩子相处的基本技能。

妈妈，你不要说，请听我说

很多父母在与孩子说话的时候，总是不顾孩子的感受，他们只顾着如同竹筒倒豆子一样把自己的心里话都倾倒出来，却没有意识到孩子需要的不是强制灌输，而是父母的倾听。还有些父母抱怨孩子随着不断地成长，变得越来越内向和压抑，不管有什么事情都愿意深藏在心底，根本不想和父母交流。这些父母不曾想过的是，孩子小时候明明是外向开朗型的，为何现在却变得内向而又沉默了呢？归根结底，是父母关闭了孩子的心门，也让孩子失去了倾诉的欲望。在这种情况下，父母如果抱怨孩子不想亲近自己，或者抱怨孩子不愿沟通，这都是完全没有道理的。也有些父母把这样的情况归咎于孩子的性格，实际上，孩子的性格从未改变，只是因为后天的家庭生活和教育，才让孩子渐渐发生了变化。总而言之，当孩子变得越来越不爱说话，越来越孤独寂寞，那么就要反思自己，因为很有可能是父母不愿意倾听孩子，才导致孩子的性格越来越孤僻。

在大多数家庭教育中，父母都很擅长发表长篇大论，对孩子展开教育。而面对孩子的倾诉，父母却总是随意打断，或者心不在焉地敷衍孩子。当孩子意识到自己说出来的话在父母心中毫无分量，或者也起不到为自己申诉的作用时，这时孩子就不愿意再说了。看起来他们变得沉默内向了，实际上，这是他们对父母失去了希望，也不愿意继续和父母交流。曾经有一位教育专家指出,真正合格且优秀的父母,要能够倾听到花开的声音,才能以这样的安静倾听孩子的心声。从人际交往的角度来说,倾听孩子不仅是对孩子的尊重,更是对孩子的爱与关注。人们常说眼睛是心灵的窗户,实际上,倾听更能够打开孩子的心门,得到孩子的信任,也更能了解孩子的喜怒哀乐等诸多情绪。

一天中午,飞飞放学回到家里。他早晨穿着新衣服离开家,只过了几个小时,衣服上就沾满了泥土,而且被撕开了一个大大的裂口。不等飞飞解释,妈妈就劈头盖脸地对着飞飞一顿数落:"你是疯了吗?早晨才穿的新衣服,好几百块钱呢,你就给弄成这样啦?你看看你的衣服,乱七八糟的,难道你是土财主吗?你看不到我和爸爸每天多么辛苦,才给你买这个买那个吗?!"妈妈的一通话说完,飞飞眼含着泪水站在那里。他倔强地看着妈妈,始终瞪大眼睛,努力忍住,不让眼泪滴落下来。

妈妈意识到飞飞也许有什么委屈,但是为了维护自己作为母亲的尊严,依然气势汹汹地问:"怎么啦?你还委屈啦?"飞飞这才气得吼道:"难道你就不问问我为什么变成这样的吗?你就一点儿也不关心我吗?我看我就该被车撞死,你就不心疼你的衣服了!"听到飞飞这么说,妈妈突然紧张起来:"啊,怎么了,撞车啦?"妈妈赶紧蹲下来检查飞飞的伤势,飞飞却一扭身回到了房间里。妈妈有些懊恼,也意识到自己因为着急误解了飞飞。她敲门,飞飞却不应答,无奈妈妈只好打电话让爸爸回家救场。爸爸回家之后问清楚飞飞原因,原来飞飞在过马路的时候,被一个骑着电动车闯红灯的人撞倒了。那个人还跑了,飞飞赶紧爬起来回家。听到爸爸这么说,妈妈关切地问:"那他有没有受伤啊?用不用去医院检查啊?"爸爸说:"没有大碍。但是我真是得说说你,以后能不能不要这么冲动啊。

孩子大了，你这样不问青红皂白就批评他，他会觉得很难堪的。而且，你给他的感觉是衣服比他更重要，这多冤枉啊！"妈妈羞愧地点点头，说："我是要改改我这个急脾气。"

——案例来自爱普生涯儿童天赋能力成长中心

如果妈妈在看到飞飞狼狈的样子之后，先问问飞飞到底发生了什么事情，那么也就不会与飞飞之间形成误解，更不会给飞飞带来不好的印象和感受。毫无疑问，每个父母都是很爱自己的孩子的，但是很多父母也许可以为了孩子付出生命，却缺乏小小的耐心倾听孩子。明智的父母不会因为急躁的批评伤害孩子的心，而是任何时候都以人为本，以孩子为第一位，给予孩子更多的关注和爱。

要想成为合格的父母，一定要对孩子有足够的耐心。爱是父母对于孩子的天性，是本能驱使下的行为表达，只有耐心对待孩子的父母，才能真正打开孩子的心扉，也才能赢得孩子的尊重与敬爱。常言道，凡事过犹不及，父母只能适度在孩子面前树立权威，此外就要以爱与宽容在孩子心目中形成高大的形象。否则，父母对孩子缺乏耐心，总是不由分说地批评孩子，日久天长，孩子也会对父母失去信心，甚至以更粗暴的方式回应父母。相信这样的亲子关系，是任何父母都不想看到的。

孩子为何捂着耳朵不停地尖叫

如今，大多数家庭只有一个孩子，因而父母更加迫切地渴望孩子能够成人成才，甚至在有了孩子之后，就把工作之余所有的时间和精力都倾注到孩子身上。殊不知，孩子稚嫩的肩膀扛不起父母太多的爱，很多时候，因为父母的过度关注，孩子反而会感到心力憔悴，无法忍受。尤其是很多父母并不懂得如何给孩子更好的帮助，他们理所当然地认为是为孩子好，就是不断地提醒孩子该做什么，警示孩子会遇到哪些危险，甚至为了使孩子变得更完美，他们也会唠唠叨叨、无休无止。当孩子对父母的唠叨表现出反感时，父母总是委屈万分地说："爸爸妈妈唠叨，还不都是为了你好！"在这里不得不提醒各位父母的是，现代社会，有太多的父母都打着为孩子好的旗号，不知不觉地伤害孩子，更有些孩子因为父母的唠叨，居然患上了严重的心理疾病。

残酷的现实告诉我们，出现心理问题的孩子越来越多，而且患有心理疾病的孩子年龄也有持续走低的趋势。孩子的童年不应该是无忧无虑的吗？为何孩子原本纯真的脸庞却愁容满面呢？很多父母觉得是孩子学习压力太大，其实不然，那么这种压力又来自于哪里呢？归根结底，孩子是否快乐，与家庭环境有着密切的关系。当父母一开口就要强调孩子认真学习，当父母不管是在孩子起床还是吃饭，甚至是睡觉之前，都如同唐僧念紧箍咒一样对孩子喋喋不休，孩子如何能过得快乐呢？尤其是作为妈妈，因为女人总是比较细心和琐碎的，所以妈妈对孩子的唠叨更多，也很难控制住自己。实际上，从心理学的角度而言，妈妈是在把自己的心理压力转嫁给孩子，大多数爱唠叨的妈妈紧张焦虑，怀疑自己，缺乏心理承受能力和自控能力。

除此之外，爱唠叨的父母与孩子相处时还有一个问题，那就是他们以唠叨的方式与孩子沟通，往往无法起到预期的效果。长此以往，父母更不知道如何与孩子进行有效沟通，他们的唠叨总是围绕着自己的感受和思想进行，无视孩子的所思所想。可以想象，这样的亲子关系很难实现良性发展，往往会变得更加恶劣。

一个周五放学后，飞飞打开电视机开始看电视。妈妈一开始强忍着，不让自己唠叨。然而，半个小时过去了，飞飞还是稳坐如泰山，纹丝不动，继续看电视。妈妈终于忍不住开始唠叨："飞飞，你看看这都几点了？虽然是周五，也要按时写作业，不然周六日作业也写不完。你知道吧，你就是被拖延这个坏毛病害的，所以每到周末也要挨到周日晚上才能把作业写完，你难道不知道先把作业写完，然后再痛痛快快看电视或者玩耍，会更好吗？"面对妈妈的唠叨，飞飞依然目不转睛地盯着电视看，然后对妈妈说："我看完这集就去。"妈妈依然不依不饶："看完这集？你这集是快看完了，还是刚刚开始啊？看完这集又该吃晚饭了，吃完饭你就要休息了，你觉得这样你的作业今天还能写吗？你怎么屡教不改呢？你放学之后就不应该打开电视，一旦开了电视，你就把作业抛到爪哇国去了！"突然，飞飞捂住耳朵开始尖叫起来，把妈妈吓了一跳。飞飞足足喊了一分多钟，妈妈即使与他说话，他也没有停止。妈妈被吓坏了，还以为飞飞突然出现精神异常了呢！等到妈妈停止絮叨，飞飞终于不再喊叫。妈妈刚准备开始说话，飞飞又开始尖叫。这样反复了三次，妈妈终于意识到飞飞不想听自己唠叨，就再也不敢开口了。

大概过去十分钟，飞飞看完一集电视剧，可以推断出他是打开电视之后就看了一集电视剧，然后他就去写作业了。离开的时候，他连看都没看妈妈一眼，更没有和妈妈说话。妈妈莫名其妙，不知道飞飞怎么了。飞飞离开后，她赶紧打开电脑，查阅相关的资料，这才知道是因为自己的唠叨，使得飞飞突然间精神崩溃了。妈妈暗暗想道：唠叨居然让孩子这么反感，看来以后我要管好自己的嘴巴了。

——案例来自爱普生涯儿童天赋能力成长中心

飞飞突然尖叫，以发泄自己的情绪，而不愿意正面和妈妈沟通，意味着他已经对妈妈的唠叨忍无可忍了。其实，孩子周五放学之后休息一会儿再写作业很正常，毕竟孩子经过一个星期的学习非常疲劳，就像成人觉得累了需要休息一样，孩子同样也需要休息。然而，大多数父母都认为孩子必须每时每刻都坚持学习，难怪有的孩子抱怨父母把自己当成学习的机器呢！面对父母的唠叨，除了大声尖叫之外，还有的孩子会采取沉默的方式消极抵抗，他们的内心也因此变得越来越孤独，不愿意与父母说话。有的孩子也会被父母同化，变得同样唠叨起来。毫无疑问，这些对于孩子而言都不是好现象。所以父母一定要管好自己的嘴巴，千万不要总对孩子唠唠叨叨。响鼓不用重锤。面对孩子，明智的父母会采取引导的方式，而不会像唐僧念咒一样最终让孩子无法忍受。

每一个父母对于孩子的爱都是无私的，父母甚至愿意为了孩子付出一切，也总是竭尽所能为孩子创造更好的生存条件。然而，孩子归根结底还小，自制能力很差，自律力量也有限，所以他们在成长的过程中总是会犯错。面对孩子的错误，爱唠叨的父母更容易情绪失控，对孩子不停地强调错误，使得孩子身心俱疲，最终破罐子破摔，再也不愿意与父母正面交流。毋庸置疑，这对于孩子的成长是有害无益的，因此，父母也一定要端正教育孩子的态度，这样才能引导孩子健康快乐地成长。

我不听，我不听，就是不听

擅长烹饪的人都知道，要想做出一道美味佳肴，除了原材料要新鲜之外，最重要的就是火候。那么，何为火候呢？顾名思义，火候就是烹饪过程中的火力大小，以及火力持续的时间长短。当然，对于不同的食材，所需要的火候是不同的。对于不同口味的菜肴，除了要用调味料来调味道之外，也要借助于火力来帮助食物形成最佳的味道。由此可见，要想成就一道菜，火候是至关重要的因素；而要想成为一名好厨师，火候也是至关重要的基本功。唯有鲜美原材料与火候的完美配合，才能让我们品尝到美味佳肴，作为掌勺人，我们也才能最大限度发挥自身的能力，成就厨艺的巅峰。

看到这里，很多读者朋友一定会觉得奇怪，这本书不是说关于儿童行为的问题吗？为何又与厨师和菜肴扯到一起了呢？没错，这本书的确是关于儿童行为的，但是儿童行为离不开父母的教育和家庭环境的影响。如果说每个孩子都是父母精心烹饪的一道菜，那么朋友们一定会茅塞顿开：原来父母都是大厨啊！

很多父母都会为孩子不听话而感到烦恼和焦虑，这也难怪，因为大部分父母评价孩子的重要标准就是是否听话。实际上，从孩子成长的角度出发，是否听话并不是最重要的。因为很多情况下，听话的孩子反而显得唯唯诺诺，缺乏创造力。而真正优秀的孩子，则能够自由地发挥天性，也让自己取得突飞猛进的进步。现实生活中，总有些父母对别人家的孩子无比羡慕，恨不得自己也生出那样优秀的孩子来，殊不知，孩子的成长固然有天赋在起作用，但是更多的则是后天的培养。作为孩子从出生就生存的家庭环境，作为从孩子呱呱坠地就陪伴孩子的父母，对于孩子人生的影响作用最大。父母唯有对孩子倾注爱与耐心，小火慢炖，才能最终成就孩子，也让自己的人生拥有值得炫耀的成就。的确，对于父母而言，哪怕工作中取得再大的成就都不值得炫耀，他们更在乎孩子是否能给自己争光。遗憾的是，现代社会变得越来越浮躁，很多父母都望子成龙，望女成凤，恨不得从孩子在娘胎里就给孩子报名参加各种补习班，他们却唯独忘记了孩子的成长是一个慢过程。只有足够的耐心和陪伴，只有不因为急功近利而乱了阵脚，父母才能给孩子最好的引导。举例而言，与其让孩子参加各种补习班，不如培养孩子的阅读能力，这是因为爱阅读的孩子自学能力往往很强，一旦养成阅读的好习惯，对于他们的人生都是有很大好处的。

除此之外，还有一些父母在教育孩子时总是急功近利，他们动辄就批评孩子，总是否定孩子，似乎从来也看不到孩子的优点。试想，如果你在工作中总是被领导批评，你还愿意全身心投入地工作吗？如果你的答案是否定的，那么孩子的答案也是否定的，那就是没有哪个孩子愿意被批评。首先，在批评孩子时，父母一定要讲究技巧。例如不要在不合时宜的时候批评孩子，诸如饭桌上、当着孩子同学或者朋友的面，都不是批评孩子的好时机。其次,在批评孩子时要把握好批评的力度,有些父母一看到孩子犯错就会歇斯底里,把孩子当成阶级敌人对待。殊不知,父母与孩子的关系是亲密的,哪怕孩子犯错,父母也依然要给予孩子爱与耐心,如此才能帮助孩子认识和改正错误。否则一旦孩子产生逆反心理,则一定会得不偿失。

一直以来,飞飞都还算乖巧,对于妈妈给他提出的意见,他也能做到有则改之,无则加勉。因而,飞飞和妈妈的亲子关系还算不错。

有一次,飞飞邀请几个男生来家里玩,妈妈给孩子准备了蜂蜜烤鸡翅,还准备了其他美味的食物,得到了孩子们的欢迎和赞赏。一高兴,妈妈就忘记了爸爸临行前对她的叮嘱,兴奋地和孩子们坐在一起聊天。飞飞不止一次用眼神暗示妈妈离开,因为孩子们总是想要有自己的空间,然而妈妈视若无睹。最后,飞飞只好直截了当地对妈妈说:"妈妈,你还是去卧室里看电视吧,把客厅让给我们。"也许是飞飞的话让妈妈觉得没面子,妈妈有些生气,因而批评飞飞:"你这个家伙,有了朋友妈妈就不重要啦!我愿意和你们聊天,我就要在这里!"飞飞也觉得很丢脸,因而当即反驳妈妈:"我偏不让你在这里。你走不走?你不走,我们就走了,你以为谁愿意在你眼皮子底下晃荡啊!"妈妈看到飞飞犯了驴脾气,赶紧溜走了。然而,飞飞的心情很不好,他当着同学的面丢了面子,也没有兴致和同学们一起玩耍了。

——案例来自爱普生涯儿童天赋能力成长中心

很多父母对于亲子关系都存在一个认知误区,即总觉得孩子是自己生的养的,不管对孩子说什么都是应该的。殊不知,随着孩子的不断成长,孩子的自尊心也越来越强。在当着其他人尤其是同龄人的面时，他们更不愿意被父母批评。当他们觉得自己丢了面子，对于父母的批评也就会产生强烈的叛逆心理，甚至公然顶撞父母。这种情况下，父母如果能够体谅孩子的心情还好，如果不能，那么就很容易爆发亲子冲突。上述事例中，妈妈如果意识到要给飞飞独立的空间，或者意识到不能当着同学的面批评飞飞，那么也就不会发生后来的不愉快了。

由此可见，大多数家长都是不合格的厨师，他们只知道用猛火，却不知道每个孩子都需要最适合的火候。明智的父母一定会掌握批评和教育孩子的度，而不会一味地对孩子颐指气使，更不会当着他人的面让孩子下不来台。否则，一旦被孩子公然顶撞，父母也会觉得面上无光，使得亲子关系陷入窘境。也许有的父母会说自己是长辈，孩子就应该尊重父母。殊不知，孩子还没有完全成长起来，思想并不成熟，情绪也很容易冲动。所以在亲子关系中，实际上是由父母占据主导地位，也起到协调关系的作用。亲子关系如何，很大程度上取决于父母，因此父母一定要慎重处理。

孩子离你期望的相去甚远

现实生活中,很多父母都对孩子不满意,从新生儿呱呱坠地时他们充满憧憬,到孩子不断成长,越来越成为自己的样子,父母对于孩子的一切幻想和想象也戛然而止。曾经,父母误以为孩子是这个世界上最完美、最有才华、也最有出息的人。但是孩子渐渐长大,不再像小时候那么招人喜爱,他们会犯各种各样的错误,也会因为叛逆而与父母对着干,甚至把父母气得伤心欲绝,恨不得自己从未生过这样的孩子。总而言之,父母看到孩子距离自己想象中的样子越来越远,心中是难言的失落和沮丧。然而,这就是现实,没有一个孩子会像父母所期望的那么好。

在父母弥漫着的失望情绪中,有的孩子越来越堕落,尤其是父母的嘲笑讽刺和挖苦,让他们简直心如死灰,甚至恨自己为何来到这个世界上。相反,有的孩子也许童年时不那么出色,成长也不顺利,但是在父母的不断鼓励和赏识下,他们渐渐蜕变,也距离父母期望的样子越来越近,甚至完全超出了父母的预期。为何同样都是孩子,却会有如此大的差距呢?归根结底,是家庭环境的影响,是父母的爱与耐心,使他们的人生变得截然不同。

有个孩子出生的时候是早产,因为缺氧,他不像其他孩子那么聪明,总是显得呆呆的样子。小学时期,他的学习成绩在班里总是倒数第一,去开家长会时，老师提醒妈妈："你应该带着孩子去医院检查下智力，也许会有更合适他读书的地方。"家长会结束，妈妈回到家里，发现孩子正沮丧地等候在家中。看到妈妈，孩子眼里明显掠过害怕和恐惧。妈妈抚摸着孩子的头，佯装高兴地告诉孩子："老师说，你最近进步很大，再努力下，就能考到及格了。"

初中时期，孩子虽然已经能考及格了，但是他在班级里依然处于垫底的位置。眼看着中考在即，老师把妈妈叫到学校，对妈妈说："你家孩子基础太薄弱，很难有进步，也许考不上高中。"走在回家的路上，倔强的妈妈擦干眼泪，回到家里依然高高兴兴地对孩子说："老师说，你如果继续努力，有可能考上重点高中。"孩子兴奋不已，他当即向妈妈表态要冲刺重点高中。最终，虽然孩子没有考上重点高中，但是突飞猛进的学习成绩让他顺利地进入了一所挺不错的高中。

高中家长会上，妈妈心中感慨万千，心想：这一路艰难地走来，孩子终于考上高中了。老师对妈妈说："孩子在学习上吃力，也许考不上名牌大学。"妈妈心中喜极而泣，暗暗想道：十年前，我何曾想过孩子能有今天呢？回到家里，妈妈发自内心地高兴，对孩子说："老师说，你只要再努力下，就一定能考上名牌大学。"不久，当名牌大学录取通知书到来的那一刻，妈妈再也控制不住喜悦的泪水。

——案例来自爱普生涯中学学业能力成长中心

上述事例中，如果换一个悲观而又喜欢抱怨的妈妈，那么孩子的命运一定不会像现在这么好。也许妈妈会放弃对孩子的鼓励，甚至总是埋怨孩子天生愚钝，不够努力，那么孩子如何还能鼓起信心和勇气，不断地突破和超越自己呢？可以说，孩子的名牌大学录取通知书，实际上是妈妈用爱与坚持换回来的。

每一位父母都是这个世界上最爱孩子的人，然而，如果不能调整好心态，真正地接纳孩子，父母也有可能成为这个世界上最嫌弃孩子的人。所以面对孩子的成长，父母一定要意识到金无足赤、人无完人，更要知道每个人都是被上帝咬过一口的苹果。父母看到孩子的优点，经常鼓励孩子，孩子就会怀着欣喜和对生命的敬畏健康地成长。反之，如果孩子一直在父母的否定中成长，那么最终会信心全无，根本不可能拥有充实而精彩的人生。

怎么说，孩子才会听

怎么说，孩子才会听，对于每一个父母而言，这都是个大难题。如果父母能把话说到孩子的心里去，让孩子心服口服地接受，那么不得不说这样的父母简直太厉害了。现实生活中，无数父母都在抱怨孩子不听话，总是叛逆，与父母对着干，殊不知，孩子这么做是有原因的。孩子并非从出生就带着叛逆，他们就像一张白纸，充满无限的可能性。尤其是对于父母，他们怀着莫大的信任，也绝对依赖父母。然而，如果父母不注意和孩子说话的方式方法，总是对孩子怨声载道，甚至当着孩子或者别人的面指责孩子不听话，那么孩子的叛逆就会变本加厉。

面对孩子的不听话，明智的父母首先应该从自己身上寻找原因。因为在亲子关系中，孩子年纪还比较小，很多事情和道理都并不完全懂，父母

鲶鱼效应，让孩子精神抖擞

相传，挪威人特别喜欢吃活的沙丁鱼。因此，在挪威的市场上，活的沙丁鱼能卖出很好的价格，而死的沙丁鱼则价格很低。为此，渔民们绞尽脑汁，想方设法保持沙丁鱼的活力，以把活的沙丁鱼运到市场上。然而，他们尝试了各种办法，在运输的过程中，沙丁鱼还是死了。在所有的渔民中，只有一个渔民能把活的沙丁鱼运到市场上，所以他的沙丁鱼总是能卖一个好价钱。其他渔民都想窥探这个渔民的奥秘，但是这个渔民总是严格保守秘密，所以直到渔民去世之后，其他人才恍然大悟。原来，在运输沙丁鱼的过程中，这个渔民在运输沙丁鱼的罐子里加入了一条鲶鱼。鲶鱼是肉食类动物，尤其喜欢吃各种小鱼，为此沙丁鱼非常惊恐，被鲶鱼搅和得不停游动。就这样，罐子里的水被激起，氧气充足，沙丁鱼终于能够活着到达市场了。这就是著名的鲶鱼效应。原本没有任何威胁的沙丁鱼不等到达市场就会死掉，现在在鲶鱼的威胁下，它们反而不停地游动，坚持活着到达市场。

鲶鱼效应给人的启示很深刻，很多职场人士都深谙鲶鱼效应。实际上，每个人都需要压力，也需要适度的竞争，孩子在学习上也同样如此。明智的父母除了一味地催促孩子认真学习之外，还会帮助孩子树立榜样，从而让孩子充满动力，奋勇向前。尤其是同龄人作为榜样，更能够对孩子起到激励的作用。有些父母因为心疼孩子，不愿意让孩子面对激烈的竞争,殊不知,适度的竞争有利于让孩子提起精神,保持昂扬向上的姿态。如果孩子总是恹恹欲睡,不能积极主动地参与竞争,那么孩子就会精神萎靡不振,也会因此而变得没有活力和缺乏动力。

自从上了初一之后,小杰的成绩始终保持在班级十多名的位置,几乎没有进步。妈妈很想让小杰继续努力,使学习更上一层楼。然而,纵然妈妈绞尽脑汁激励小杰,小杰也总是对学习提不起兴致,还常常说自己只要保持不退步就很好了。

期中考试之后开家长会时,妈妈认识了坐在小杰前排的学霸妈妈。这个学霸是个女孩,在班级里每次考试成绩都名列前茅,有的时候甚至会把第二名的成绩甩出去十几分。小杰妈妈赶紧和学霸妈妈交流经验,而且当即表示:"我要让小杰向学霸学习,你家女儿简直太优秀了呀!"学霸妈妈满脸谦虚。与此同时,小杰同桌的妈妈却很羡慕小杰的成绩,对小杰妈妈说:"小杰学习已经很优秀了,我们也要把小杰作为标杆,努力赶超。"妈妈突然灵机一动,说:"那可就太好了,孩子们就是要你追我赶,学习才有劲头。"回到家里,妈妈赶紧告诉小杰:"小杰,以后你可有竞争对手了。你的同桌从此之后把你作为标杆,要努力地赶超你。此外,你也要把学霸作为标杆,努力赶超学霸。如果你们每个人都还继续保持原样,不能坚持进步,那么很有可能被他人超越和战胜,也就会退步。"看到妈妈一本正经的样子,小杰有些不以为然:"我同桌,学习只能考到二十名,怎么可能超过我呢?"妈妈说:"你可不要小瞧人家,你同桌的妈妈告诉我马上要报名参加课外辅导班,还要找老师一对一地辅导。你可要小心,要是与同桌的名次完全颠倒,那可就打自己的脸了呀!"小杰哼哼几声:"放心吧,妈妈,我肯定不会被同桌赶超的。"

在后来的一次考试中，同桌的成就与小杰并列。小杰这才打起精神来应付同桌的赶超，也距离学霸越来越近了。妈妈感觉到小杰就像变了一个人，从精神萎靡不振到精神抖擞，简直真的快要成为学霸了。

——案例来自爱普生涯儿童天赋能力成长中心

上述事例中，小杰之所以对学习懈怠，是因为他既没有给自己在学习上树立标杆，也没有意识到自己有可能会被他人超越。一场家长会，让小杰多了竞争对手，也多了榜样，难怪小杰就像变了个人一样，打起精神来应付各种竞争。尤其是在发现同桌进步神速，居然与自己的成绩持平的时候，小杰更是如同打了鸡血一样精神抖擞，他意识到自己再懈怠下去就要被超越和战胜，他当然不愿意接受这样的挫折和打击。所以他奋发努力，希望通过勤奋改变自己的命运，也让自己在学习上崛起。

很多父母都误以为孩子经不起任何打击，因而他们总是过度保护孩子，不想让孩子受到任何伤害。实际上，孩子并非脆弱得不堪一击，孩子远比父母想象中坚强。孩子的可塑性很强，如果他们自认为比他人更加强大和优秀，那么他们就会变得坚强起来，也会变得更从容不迫。所以父母要给孩子适度的压力，让孩子加入适度的竞争之中，从而让孩子在不断超越自我的过程中变得越来越坚强，也更加自信和成功。

我不要当牛蛙

前段时间，朋友圈里疯传一篇文章，名字叫《牛蛙之殇》。文章的作者是一位具有丰富教育工作经验的老人，老人正是根据外孙的亲身经历写了一篇文章，从而表达自己对于当下教育的困惑。在老人的笔下，外孙从三岁就开始为了进入上海四大民办小学之一而冲刺，他完全与无忧无虑的童年隔绝，每天都要四处奔波上兴趣班、补习班，不堪重负。为了外孙，全家人都打响了一场战役，当外孙终于通过面试，民办学校的领导者却因为觉得外孙患有神经官能症而拒绝录取。这时，此前一直全心全意应对备考的全家人，才知道孩子前段时间就表现出来的面部抽搐、挤眉弄眼根本不是因为哪个地方不舒服，而是因为神经出现了问题。面对这样的结果，孩子因为懵懂无知，反倒并不觉得过分失落，而在三年的时间里带着孩子四处上课、求学的妈妈感到最为崩溃。从这篇文章里，我们能够感受到作为长辈的深深叹息，也能感受到父母和祖辈对于孩子的心疼。

如今，太多的父母都想让孩子当牛蛙，为此，妈妈不惜对着胎儿开展教育，对着肚皮播放音乐。而孩子呢，也被逼无奈，不得不把原本快乐的童年都用于无休无止的学习上。最终，经过漫长而又艰难的学习过程，孩子的确变得很牛，从普通青蛙成为牛蛙，但是孩子的心理健康却出了问题，导致孩子既错过了童年，也没有如愿考入名校。相信如果孩子能够发出呐喊声，一定有越来越多的孩子喊道：我不想当牛蛙，我不要当牛蛙。

不得不说，这个世界上出类拔萃的人太少，大多数人都是既普通而又平庸的。父母必须接受孩子的平凡，也必须坦然面对孩子有可能碌碌无为的人生。如果父母始终不能摆正心态，逼着孩子成为牛蛙，那么最终会失去更多，错过更多。

《牛蛙之殇》一经流转，就引起了很多的感慨和共鸣。的确，文章以细腻的笔触反映了颇具代表性的家长心态。在文章中，更多的是在拷问教育的体制，而很少想到真正逼迫孩子在学习上殚精竭力的，到底是谁？无数孩子都在心底呐喊："我不要当牛蛙！"也有很多父母针对应试教育怨声载道。因而，这篇文章几乎轻而易举就让很多人产生了共鸣，却很少有人扪心自问：谁在逼着我们逼孩子？不得不说，如今的教育背景下，太多的父母都有严重的教育焦虑，他们一则喊着要减负，觉得孩子可怜，二则又为孩子报名参加各种各样的兴趣班、补习班，几乎不给孩子任何时间放松和休息。教育制度没有要求父母必须为孩子报各种班，孩子也没有主动要求要榨干父母的血汗钱去上各种班。而最终出现的孩子疯狂上各种补习班的结果，归根结底，是父母不够淡定，盲目焦虑导致的。父母一旦焦虑不安，就会把这种焦虑也传递给孩子，使得孩子小小年纪不得不承受巨大的压力，因为孩子没得选择，只能被动接受。

此外，还有很多父母对于中西方的教育存在很大的误解，他们自以为西方教育就是让孩子自由自在快乐成长，中国的教育就是压迫孩子。实际上，对孩子的教育起最大作用的就是父母，哪怕整体的教育环境再残酷，只要父母内心笃定，坚持教育的原则，就能给孩子提供相对较好的教育环境，也能主动反思自身，以更好的教育方法对待孩子。反之，哪怕大的教育环境很宽松，而父母却总是焦虑不安，也必然导致孩子不堪重负。归根结底，家庭比学校对于孩子的影响更大。由此可见，到底是牛蛙还是青蛙，或者以轻松的方式成就牛蛙，更大程度上取决于父母的选择。当孩子发出"我不想当牛蛙"的呐喊时，作为父母，首先应该反省自己，而不要把一切责任都推到教育体制上。

孩子是人，不是神仙，而且还是一个稚嫩的、没有成长成熟的人。对于孩子的成长，父母一定要付出足够的爱与耐心。就像一棵树苗要想长成参天大树，一味地施肥是没有用的，而是应该让树苗接受阳光的照射和雨露的滋润，这样小树苗才能符合生命的规律，爆发生命的活力与动力，不断地成长，直到长成为参天大树。

相信很多父母在看到《牛蛙之殇》后，都会感同身受，甚至对写出这篇文章的姥爷特别理解。的确，哪怕放眼世界，能够达到金字塔尖的人也少之又少。试想，这么大的中国，只有极少数人能够考入清华和北大；很多人都想打篮球，成为运动员，但是迄今为止中国篮球界只有姚明成为国际巨星……所以每一个父母都要清醒地意识到，人与人之间是有差距的，孩子与孩子的天赋也各不相同。没有任何一位家长能理直气壮地要求孩子成为百米冲刺中跑得最快的那一个，成为马拉松比赛中耐力和体力最好的那一个；孩子也许有爆发力，但是却会缺乏体力。孩子也许体力很强，短时间的爆发力却不好。总而言之，每个孩子都是被上帝咬过一口的苹果，既有优点，也有缺点，最重要的是父母要等待孩子在人生的跑道上起跑，而不要任由孩子在人生的跑道上四处乱撞，更不要推动孩子被动地向前奔跑。如果孩子自身还没有准备好，哪怕父母用再多的力气，又有什么用呢？所以明智的父母不会盲目地造就"牛蛙"，而是根据孩子自身的情况为孩子量身定制合适的教育方案，也还给孩子幸福快乐的童年。

你把邻居家的孩子当儿子吧

随着孩子的成长,很多父母对自己的孩子越来越不满意。曾经,他们以为那个呱呱坠地的小生命是这个世界上最优秀的,最出类拔萃的,但是孩子却表现得越来越平庸,最终使他们意识到孩子并不会如他们所愿的那样出类拔萃,也不会像他们所期望的那样成为佼佼者。这样一来,在抚养孩子成长的过程中,父母难免会犯一个错误,那就是总把孩子与其他孩子做比较。而所谓的其他孩子,或者是同事家的孩子,或者是邻居家的孩子,也有可能是亲戚家的孩子,还有可能是素不相识的别人家的孩子。就像很多妻子对自己的丈夫都不满意,总觉得别人的丈夫更好,因而她们对自己的丈夫总是怨声载道、挑三拣四。很多父母对于自己的孩子也不够满意,总觉得还是别人家的孩子好,甚至看起来别人家的孩子也更顺眼。不得不说,这是由于孩子在成长过程中,与父母的期望越来越远所导致的。

面对父母这样的偏爱,孩子当然会觉得心理失衡,甚至要求父母去把看得上的孩子带回家来当儿子或者女儿。面对孩子这样的反驳,父母总是哑口无言,因为他们很清楚别人家的孩子再好,他们也只能口头上表达支持,而不愿意为别人家的孩子付出精力。既然如此,作为明智的父母,就不要总是把别人家的孩子挂在嘴边了。要知道,唯有欣赏自己的孩子,才能激励孩子不断努力进步,也才能让孩子变得越来越优秀。

小杰家住在爸爸单位分配的宿舍，因而与楼上楼下、楼前楼后都既是邻居，也是同事，每家每户之间的关系也处理得比较好。每到大的考试，就是小杰的末日。妈妈不但要求小杰每次比自己上一次考试都要有进步，而且还会把小杰时好时坏的成绩挂在嘴边，去和同小区其他孩子进行比较。

就像这次期末考试，小杰发挥失常，也许是因为粗心，也许是因为头一天没有睡好觉，所以他不该错的题目都做错了，使得成绩一落千丈，成绩在班级排名中下滑到中等。面对这样的失误，妈妈觉得不可原谅，四处打听和小杰同年级的本小区孩子都考了多少分。结果，事实证明，小杰在小区里的孩子中间并不是出类拔萃的，好几个孩子都比小杰考得好多了，而且还获得了三好学生的奖状。晚上吃饭，妈妈不停地说小杰："小杰，你看看，你到底是怎么回事？以前，你的成绩都能甩出他们好几条街，现在可好，我的脸都被你丢尽了，你能不能给我跟爸爸长点儿脸啊！"妈妈的话让小杰有些羞愧，他低着头闷不吭声地吃饭。但是妈妈依然不依不饶、唠唠叨叨，最终小杰歇斯底里道："既然你觉得别人家的孩子好，你就去给他们当妈吧，我不反对，我还要欢送呢！"妈妈被小杰的这句话噎得说不出来话，一个劲儿地翻白眼。小杰又说："整天抱怨这个抱怨那个，你怎么不看看你怎么上的大学啊，家里蹲大学，还来说我。"妈妈满脸通红，当即拿起筷子狠狠地甩在小杰手上。小杰倔强地忍住眼泪，饭也没吃完，就回到自己的房间。小杰离开后，爸爸才批评妈妈说："不是我说你啊，孩子长大了，你能不能注意点儿方式方法，收敛下你这个火爆脾气。你总是这样絮絮叨叨，有效果吗？孩子让你去当别人的妈，你能去吗？摊上什么样的孩子，你就要怎么做，而不要总是对孩子挑三拣四地苛刻要求，否则，孩子怎么喜欢你啊！就像你不能决定自己的容貌和身材一样，你也决定不了孩子的人生。"爸爸的话使妈妈陷入沉思,的确,她经常因为把小杰与其他孩子比较,惹得小杰恼火不已。实际上,这么做真的没有任何好处,只会让孩子更加叛逆。妈妈决定以后再也不这样无聊地拿小杰和其他孩子做比较了。

——案例来自爱普生涯儿童天赋能力成长中心

大多数父母都会犯与小杰妈妈相同的错误,即总是把孩子与其他孩子进行比较,导致孩子的自尊心受到伤害,被说得着急了,甚至让妈妈去当邻居孩子的妈妈或者当同事孩子的妈妈。当孩子被逼无奈说出这样的话,妈妈就会哑口无言,根本无法应对。既然如此,妈妈就要注意不要自找难看,教育孩子可以,把孩子当下的表现进行比较也可以,但要注意方式方法。因为每个孩子天赋不同,所以不要拿孩子的短板去比较其他孩子的长板,而要把孩子今天的表现与昨天的表现相比较。这样,当孩子有了进步,就是值得庆贺和赞许的。

从心理学的角度而言,把孩子与其他优秀的孩子比较就是进行横向比较,从本质上来说根本没有可比性。把孩子与曾经的表现进行比较是纵向比较,这样才能看出孩子有没有进步,也能帮助孩子鼓起勇气和信心,让他在以后的日子里再接再厉,学习更上一层楼。总而言之,明智的父母从不随意对孩子做横向比较,而是会小心翼翼维护孩子的自尊心,也激起孩子继续努力的动力,这样才能保证孩子成长更顺利,收获也更多。记住,没有人愿意一直被否定,不管是成人还是孩子。

我并没有拖延啊

很多父母都因为孩子的拖延而懊恼，他们甚至恨不得代替孩子做很多事情，只为了把孩子的速度提升起来。然而，当父母咆哮如雷的时候，孩子根本没有意识到自己在拖延。例如在忙碌的早晨，孩子正在慢吞吞地吃饭，妈妈就不停地唠叨"快点儿啊，快点儿啊"，孩子根本置若罔闻，因为他们觉得吃饭就是要一口一口的，怎么能快得起来呢！再如，写作业的时候，孩子总是磨磨蹭蹭，一道题目要翻来覆去检查好几遍，爸爸在一边等得心急如焚，孩子却依然故我，不急不躁，最终爸爸愤怒地给了孩子一巴掌，孩子非常委屈，压根不知道自己哪里做错了。

为何父母总觉得孩子拖延，而孩子总是表现出无辜的样子，根本不知道自己哪里做得不对，也不知道自己为何被父母批评或打骂呢？归根结底，是因为孩子内心的节奏和成人不一样，所以对于成人的急不可耐，他们根本意识不到原因，因而他们愿意按照自己内心的节奏去做一切。在如今快节奏的生活方式下，每个工作日的早晨，父母都觉得是在打仗，不但要把自己收拾得干净清爽，还要照顾孩子的吃穿，再送孩子去学校，之后再赶到单位，的确早晨的时间短暂，使得他们感到压力山大。面对孩子的委屈，为了避免亲子冲突升级，父母一定要多多注意，不要给孩子太大的压力。要理解孩子的内心节奏和成人不同，多多体谅孩子，而不要把孩子催促得太紧。曾经有心理学家经过研究发现，越是过于着急地催促孩子，越是容易导致孩子动作变得更慢。相反，当告诉孩子慢慢来，孩子反而能够主动提升速度，这样的自我提升效果远远比父母催促来得更好。

每天放学后，小杰都会吃点儿东西才开始写作业。一开始，小杰还能赶紧吃东西，然后按时写作业，自从妈妈同意他边吃东西边看会儿电视之后，小杰吃东西的速度就越来越慢了。他慢慢吞吞吃饼干，然后喝酸奶，和他平日里吃饭狼吞虎咽的模样完全不同。一开始，妈妈不知道小杰为何这样，后来，妈妈意识到小杰是为了多看一会儿电视，才拖延吃东西的。为此，妈妈规定只给小杰十五分钟的时间。果不其然，小杰吃东西的速度明显快起来，再也不盯着电视半天只吃一口东西了。

眼看着吃东西这个招数不好用了，小杰又想出了拖延的新招数。他每天放学回家吃完东西都要上厕所，上厕所的时候又拿着一本漫画书，一蹲就是半个小时。妈妈催促小杰："小杰，不要再拖延啦，再拖延写完作业又要十点钟，睡眠不足不困吗？"小杰不以为然："妈妈，我没有拖延啊，我在拉臭呢！"妈妈啼笑皆非："好吧，既然你这么说，以后拉臭就不许拿书了，我不相信你还会继续蹲马桶半个小时。"果然，没有了有趣的漫画书，小杰速度快多了。妈妈暗自窃笑："狡猾的小家伙，现在就要和父母斗智斗勇了！"

——案例来自爱普生涯儿童天赋能力成长中心

在这个事例中，小杰明显是为了拖延写作业，所以吃东西速度减慢，上厕所速度更慢。识破了小杰的伎俩后，妈妈当即采取措施，也有效加快了小杰的速度。在管教孩子的过程中，父母一定要区分清楚孩子是因为内心节奏慢才导致行动缓慢，还是因为故意拖延，想逃避某件事情才使得行动变慢。如果是前者，父母就应该尊重孩子内心的节奏，给予孩子更多的时间和空间来完成他的事情。如果是后者，父母则要在顾及孩子自尊心的情况下，以恰当的方式帮助孩子戒掉拖延，让孩子加快速度。

当孩子说他不是在拖延的时候，很有可能他完全没有意识到自己拖延，也很有可能他们是故意拖延，才以此狡辩。随着年龄越来越大，孩子的心眼也会越来越多，细心的父母会发现孩子甚至为了拖延而学会了撒谎。在这种情况下，父母不要大惊小怪，也不要过分责怪孩子。因为成长总是要付出代价的，每个孩子在成长的过程中都会犯各种各样的错误，父母只有给孩子宽容和爱，才能给孩子更好的帮助和扶持，让孩子健康茁壮地成长。

第五章

万丈高楼平地起，打好根基是关键

一棵树要想成长为参天大树，一定要立根扎实，才能不惧风雨，茁壮成长；一座大楼要想建成，且建得牢固，更加需要打好地基。同样，一个孩子要想成为顶天立地的人，也要打好根基，要拥有优秀的品质，才能长成为合格的人。如今，大多数父母都急功近利、舍本求末，一味地要求孩子在学习方面有好的表现，却完全忘记了孩子成长的基本要素。其实，当孩子成为健康快乐的人，内心强大，为人处世从容，他们的人生自然会一帆风顺地向前发展。

面对困难，沮丧之情无以言表

如今，大多数父母都渴望孩子能够出类拔萃，然而，却很少有父母意识到，对于孩子的成长而言，遭受挫折才是更加重要的。为何挫折教育对孩子如此重要呢？因为大多数孩子都在生活中过于顺遂如意，尤其是那些独生子女家庭的孩子，更是在父母和长辈的呵护中长大，几乎从未感受到生活的不如意。这样一来，哪怕生活和学习中遭遇小小的不如意，他们也会感到深受打击，甚至沮丧绝望，彻底放弃自己。不得不说，人生不如意十有八九，如果面对这样小小的困难就放弃了，可想而知，长大之后真正开始自己的人生之路时还会受到多少伤害、挫折和磨难，那个时候，离开了父母的羽翼，孩子又该怎么做呢？所以，真正明智的父母不会像老母鸡护着小鸡那样，永远把小鸡保护在自己的翅膀之下，相反，他们知道何时应该对孩子放手，让孩子接受失败的磨难和挫折的打击。唯有如此，孩子才能经风历雨，在成长的过程中不断向前，努力奋进。否则，哪怕父母能保护得了孩子一时，也不能保护孩子一世。与其等到父母老了，再让孩子遭受挫折，面对人生的困境，还不如趁着父母还年轻，还能指引和引导孩子，就让孩子多多经历风雨，如此父母还可以成为孩子最坚强的后盾，给予孩子最强有力的支持。

所有父母都应该明白，哪怕你们再强大，也不可能永远陪伴在孩子身边，为孩子包办一切事情。没有人能够抵抗自然发展的规律，每个人都终将老去。为此,趁着自己还年轻,还有能力帮助孩子,还能成为孩子最坚强的后盾,父母应该果断放手,让孩子勇于经历风雨。也许,看着孩子在人生的道路上摸爬滚打,父母的感觉才会更加踏实,更加可靠。

作为一名杰出的女性,甘地夫人不但是印度的伟大领袖,而且也是一名非常优秀的妈妈。在孩子心目中,她是人生最好的导师,以睿智教育引导孩子们茁壮成长,从容面对人生。

有一次,甘地的儿子拉吉夫身患疾病,不得不马上做手术。原本,医生建议作为妈妈的甘地夫人用善意的谎言安抚儿子,从而让儿子不那么害怕,但是甘地夫人却认为,必须让孩子知道他接下来即将面对的一切,从而让他更勇敢,更无所畏惧。就这样,甘地夫人把即将做手术的事情告诉儿子,让儿子勇敢面对,儿子的表现果然没让她失望。对此,甘地夫人说:"生活总是充满了各种意外和惊吓,作为父母我们对孩子的爱是无私的,也是毫无保留的。但是孩子必须通过教育拥有健康的心态和健全的个性,这样他们在日后面对生活中的各种坎坷艰难时,才能做到坦然从容。否则,父母如果一味地袒护和迁就孩子,孩子就会对生活完全失去抵抗力,在遇到困难时,就会毫无抵抗力地缴械投降,成为生活的奴隶。"

虽然甘地夫人在告诉儿子真相时,儿子也许会因为害怕而情绪冲动,但是等到他的情绪恢复平静,他就会尝试着接受事实,最终说服自己勇敢面对。如果父母都能像甘地夫人一样正面教育孩子,不逃避,不隐瞒,那么相信日久天长,孩子必然变得越来越勇敢,也能够从容面对人生。对于孩子而言,形成健康独立的个性品质,对于他们的一生都会起到重要的作用。

作为父母，总会亲眼见证孩子在遇到困难时的沮丧表现。他们会因为恐惧而瑟瑟发抖，也会因为恐惧而不停地哭泣，甚至向父母寻求帮助和保护。父母对于孩子在困境中的解决方法，将会影响孩子接下来面对困境的态度。父母必须意识到，孩子一生之中不会仅仅遭遇一次磨难，也许这次父母能够帮助孩子度过，那么等到下次呢？再下次呢？父母唯有摆正心态面对孩子，引导孩子积极地解决问题，才能对孩子的成长起到积极的作用。

如今，大多数家庭都是独生子女家庭，父母往往对于孩子过度溺爱，尤其是祖辈，对于孩子更是骄纵无度。从孩子从呱呱坠地到渐渐长大，成长的环境都过于顺利，从未受到任何挫折，那么他们就会完全失去应对挫折的能力，甚至一旦遭遇小小的风雨，就会马上对人生缴械投降。生命是无常的，没有人知道自己在生命中将会遇到什么。作为父母，唯有培养孩子拥有坚强独立的个性，才能让孩子在人生的道路上做到从容不迫。记住，父母不应该是孩子人生的保护伞，而应该是孩子人生的领航者。当孩子在父母的指导下正确面对挫折，也成功战胜困境时，孩子才会不断成长，越来越强大。

当冲动的情绪成为脱缰的野马

大多数父母都过度关注孩子的学习成绩,只有极少数父母能够关注孩子的情绪。虽然情绪对于孩子的成长并不起到显著的作用,但是情绪的作用是缓慢的,是潜移默化的。如果孩子没有良好的情绪,不能主宰自己的情绪,那么就会让情绪变成脱缰的野马,最终失去控制。那么,如何面对孩子脱缰的情绪呢?相信这是每个父母都非常关心,也迫切想要找到答案的问题。

每当遇到电闪雷鸣的天气,人们都会躲避雷电的打击。实际上,当情绪爆发的时候,人们也同样相当于面对电闪雷鸣,也需要及时躲避。每当孩子情绪失控,父母总是对孩子颐指气使,甚至指责和质问孩子,殊不知,这种情况下孩子的情绪已濒临崩溃,急需父母的安慰,而不是责骂。父母首先要认可孩子的情绪,才能让孩子恢复平静。也许有些父母会问:为何孩子的情绪会失控?从心理学的角度而言,孩子情绪冲动时之所以向父母倾诉,就是为了让父母能够认可自己的情绪。在这种情况下,父母的不认可会让孩子更加崩溃发狂,也让孩子更加难以面对现实。所以父母要时刻留意孩子情绪的变化,有效地帮助孩子避免情绪失控,或在孩子情绪失控时温柔地抚慰孩子,让他们感受到来自父母的爱和支持。

很多人都知道大禹治水的故事,大禹治水,三过家门而不入。最终之所以能够成功治水,是因为坚持宜疏不宜堵的原则。面对孩子的冲动情绪，父母也要有效引导，才能及时消除孩子的坏情绪，避免孩子的坏情绪不断累积，最终爆发。例如孩子吃饭的时候不小心打碎了一个碗，原本他就因为这件事情而感到情绪紧张，父母此时再使劲地批评他，让他感到难堪，那么孩子肯定会非常伤心，甚至因此而痛哭起来，饭也不吃了。毫无疑问，这是消极的方法。反之，面对孩子的无心之过，假如父母告诉孩子"没关心，妈妈和你一起收拾"，孩子心中才能感到释然，内心的压力也瞬间消失，并以后注意不再犯同样的错误。这样一来，孩子还有什么严重的负面情绪需要发泄呢？很多时候，父母不经意的指责，也许就会让孩子无力承受。那么面对那些无关紧要的小事，或者确定孩子并非故意犯错，父母一定更要对孩子采取宽容的态度，而不要无形中再伤害孩子稚嫩的心灵。

近来，妈妈给小飞配了一副眼镜，这副眼镜价值不菲，据说有预防近视加深的功能。虽然家里经济条件一般，可妈妈还是拿出2000元为小飞配了这副眼镜。妈妈千叮咛万嘱咐，让小飞一定要小心，不要把眼镜弄坏了，否则就没有钱再配了。妈妈还半真半假地与小飞开玩笑："要是坏了，你自己出钱修啊！"小飞也知道眼镜很昂贵，因而平日里佩戴都非常小心。

一天放学后，小飞和往常一样走出校园就给妈妈打电话，他的声音却带着哭腔。妈妈紧张地问："小飞，你怎么了？"小飞哽咽着说："妈妈，我不小心把眼镜弄坏了。"妈妈问："伤到你的眼睛了吗？"小飞回答："没有，我开门的时候门后有东西，门又弹到眼镜上，一条眼镜腿断了。"妈妈长吁一口气："好的，没关系，眼镜架没有那么贵，回来之后再去换个新的眼镜架吧。"小飞伤心地说："但是眼镜架也好几百块钱呢！"妈妈笑着说："放心吧，妈妈出钱给你换，你也不是故意弄坏的，妈妈不让你掏钱。"大概二十分钟后，小飞回到家里，一进门又眼睛里含着眼泪，妈妈说："妈妈也没有批评你啊，不要哭了。妈妈最担心的是眼镜坏了，镜片弄伤你的眼睛。所以你以后戴着眼镜时，还是要很小心，知道吗？眼镜坏了还能花钱修，眼睛要是坏了，那就糟糕了。"小飞点点头。

——案例来自爱普生涯儿童天赋能力成长中心

在这个事例中，妈妈此前为了让小飞珍惜和爱护眼镜，因而再三向小飞强调保护眼镜的重要性。然而，在得知眼镜架坏了之后，妈妈最关心的还是小飞的眼睛安全，并极力安抚小飞。这样一来，小飞自然不会再因此而紧张不安了，妈妈的安抚也使他真正放下心来。妈妈的做法是很正确的，因为如果妈妈一味地担心眼镜坏了又要花钱，也许会使小飞产生叛逆心理，甚至对自己的错误不承认。相信经过这件事情之后，小飞一定会更加小心，避免弄坏眼镜，也避免让自己的眼睛受伤。

现代社会，很多孩子的身心发育都提前了，他们的情绪感受也更加复杂。但是与此同时，孩子们的内心依然很稚嫩，他们的心理承受能力并没有随之增强。尤其是当父母把生活中的很多压力转嫁到孩子身上时，孩子们必然不堪重负。最关键的是，很多父母根本没有对孩子进行更深入了解的意识，这导致很多父母看似熟悉孩子，实际上却完全不了解孩子。当孩子缺乏安全感，当孩子内心变得冷漠，当孩子的性格越来越孤僻，大多数父母却浑然不知。不得不说，这样的父母哪怕给孩子提供再丰厚的物质条件，也不是合格的父母，更不是优秀的父母。为了让孩子的内心更加健康，避免孩子引起情绪失控而陷入冲动之中，甚至歇斯底里，父母一定要及时疏导孩子的不良情绪，从而让孩子保持情绪平稳、身心健康。

当父母习惯于扮演孩子情绪的避雷针，那么就能以平静的心态面对冲动的孩子，还能让亲子关系循着良性发展的轨迹推进。在疏导情绪的过程中，孩子的情绪和感受得到认可与理解，他们也会渐渐恢复理智，意识到自己一味地把坏情绪发泄到父母身上，是完全不对且没有意义的。当然，当孩子有情绪问题时，父母还可以教会孩子基本的为人处世原则，从而让孩子拥有良好健康的人际关系，以与这个世界更加和谐共生，相互促进。总而言之，父母千万不要让孩子的坏情绪成为自身坏情绪的导火索，否则一切只会更加糟糕和无法收场。从这个角度而言，父母也应该是孩子情绪的灭火器，能够及时扑灭孩子的情绪大火，让整个世界都安然无恙。

孩子，请控制你的坏脾气

坏情绪不停地发酵，最终会导致孩子的脾气越来越坏。如果说情绪是暂时的，那么脾气则是固定化的情绪，也就是说孩子每次遇到类似的情绪，都会导致坏脾气爆发，无法控制自己。可想而知，对于孩子而言，坏脾气比坏情绪更可怕，因为坏脾气不但受到坏情绪的驱使，而且与坏情绪相辅相成，会导致孩子的情绪越来越坏。那么，怎样才能让孩子控制好自己的坏脾气呢？毋庸置疑，这是很难的。因为有很多成人尚且无法主宰自己的情绪，也不能控制自己的坏脾气，更何况是孩子呢？

拥有坏脾气的孩子，往往无法控制自己。不管面对的是父母，还是伙伴，抑或只是某件不能让他们如愿以偿的事情，他们都会马上爆发坏脾气，最终导致事情无法收场。实际上，不管是坏情绪还是坏脾气，都是让孩子变得歇斯底里的导火索。和面对孩子的坏情绪一样，面对孩子的坏脾气，父母也不要盲目地否定，归根结底，要认可孩子的感受，这是让孩子恢复平静的绝佳方法。明智的父母还会引导孩子倾诉，虽然语言的力量没有行动的力量大，但是当孩子真正诉说自己的烦恼或者不满意之处时，随着诉说，他们的坏情绪会逐渐平复，他们的坏脾气也会慢慢消失。

还有些孩子在发脾气的时候根本不会觉得这有什么不对，他们把发脾气当成是日常的正常行为和表现，而丝毫没有意识到自己正在以情绪的怒火灼烧他人和自己。这时，父母要从孩子的角度，一语中的，把话说到孩子的心里去，让孩子恢复理智和平静。当父母把话说得让孩子连连点头，孩子一定会深受感动，也不会再一味地发脾气。相反，他们也许会对表达产生兴趣，随着表达，他们的坏脾气也会渐渐消失。

作为一个非常固执的小孩，小飞几乎从不委屈自己。他不管做什么事情都要按照自己的心意来，对于别人所说的任何建议，他都完全置之不理。这让爸爸妈妈都觉得很头疼。在亲子相处中，他们也经常因为小飞的坏脾气而与小飞爆发各种冲突。

妈妈实在不知道如何与小飞相处了，只好求助于心理医生。在向心理医生详细描述小飞乱发脾气时的样子后，心理医生说："从你的讲述中，我觉得你每次都在压制小飞的脾气，那么我想问问你，你是否曾经尝试着理解小飞想要表达的东西呢？"妈妈不以为然地回答："他就是个小屁孩，有什么想表达的呀。他就是性格倔强，所以总是不达目的不罢休，他简直就是我们家的小魔头，根本没人敢惹他。"对于妈妈的回答，心理医生显然不认同。他耐心地向妈妈解释："不得不说，您这样的想法就是错误的。孩子再小，也有自己的感受和情绪。他之所以一直和你纠缠，就是为了想找到机会表达自己。如果您认为我说得不对，也没有关系，只需要在下次小飞发脾气的时候，您问问他：'宝贝，你怎么了？你觉得不舒服吗？或者是有什么话想说吗？'相信结果肯定和以前不一样。"尽管妈妈对心理医生的话半信半疑，但她还是决定试一试，毕竟她也没有好的办法解决小飞乱发脾气的问题。

果不其然，当天晚上，小飞又开始发脾气了。他缠着妈妈不依不饶，绝不愿意投降。妈妈被逼无奈，突然想起心理医生的建议，因而说："小飞，你是不是不同意妈妈的观点。没关系，你可以把你的观点说出来，不管是什么观点，妈妈都愿意倾听。"让妈妈惊讶的是，小飞突然平静下来，乖乖地向妈妈倾诉："妈妈，你是不是不喜欢我了？"妈妈摇摇头，笑着说："怎么可能呢？妈妈肯定很喜欢你啊，你是妈妈的大宝贝儿子。"小飞有些伤心地说："但是，你刚才明明冲我发火了，这就证明你不喜欢我了！"妈妈不得不向小飞解释："妈妈虽然冲你发火了，但那是针对你做错的事情，而不是针对你这个人。妈妈不管什么时候都喜欢小飞，但是妈妈要为小飞指出错误，小飞下次才不会再犯同样的错误呀。"小飞听后恍然大悟，突然破涕为笑："妈妈，原来你还喜欢我啊！"妈妈把小飞拥抱在怀里，说："当然了。"而此时小飞也已怒气全消，再也不纠缠妈妈了。

——案例来自爱普生涯儿童天赋能力成长中心

上述事例中，小飞之所以缠着妈妈乱发脾气，是因为他误以为妈妈不喜欢自己了。在妈妈询问他的情况之后，他解开了心中的疑惑，自然也就不会再因为情绪问题而与自己较劲或者过不去了。心理医生说得很有道理，孩子很多时候发脾气，都是为了表达自己的心理需求。在这样的情况下，父母只要有意识地引导孩子表达内心的情绪，孩子就能消除坏情绪，恢复内心的平静，也恢复理智。

父母的理解，对于孩子的坏情绪和坏脾气，都是最好的安抚良药。当父母更加设身处地地为孩子着想，能够理解孩子内心的苦闷，也做到宽容和包容孩子时，孩子就不会继续发脾气了。尤其是对于心有千千结的孩子，父母更要给他们机会吐露心声，只有这样，他们才能更加快乐地成长。从人的本能角度而言，坏脾气其实是人的劣根性，人一旦受到坏脾气的操控，就相当于在进步的阶梯上不断地退步。毋庸置疑，孩子自身的发展还不够成熟，对于外界的认知也缺乏理性。在这种情况下，很多孩子都容易受到坏脾气的困扰，因而出现情绪或精神上的问题。在这种情况下，父母一定要给孩子建立良好的生存空间，从而帮助孩子战胜坏脾气，变得简单快乐。当然，父母还要身先示范，为孩子做好榜样，这样才能给孩子树立情绪的标杆。很多细心的朋友都会发现，在一个家庭中，如果父母双方有任何一方脾气暴躁，那么孩子的脾气也好不到哪里去。因此，在平时，父母一定要注意控制自己的脾气，不要给孩子树立坏的榜样。此外，有极少数孩子会以发脾气要挟父母，从而满足自己的心愿，在这种情况下，父母一定不要轻易答应孩子的请求，否则孩子的坏脾气就会变本加厉。总而言之，坏脾气不是筹码，而是一种冲动的、无法控制的情绪积累。父母唯有合理疏导孩子的情绪，才能让孩子拥有幸福美好的人生。

有梦想，人生才有方向

面对孩子的成长，大多数父母都在强调"不输在起跑线上""成绩、分数""兴趣、技能"等，却很少有父母意识到，对于孩子而言，最重要的是有梦想，要明确人生的方向。很多人都曾经听说过《南辕北辙》的故事，它告诉我们：如果方向错了，一切有利条件都会变成不利条件，甚至越努力距离梦想越遥远。这样无疑是事与愿违的，归根结底，有梦想，人生才有方向。也许有些父母会说：孩子现在这么小，哪里知道梦想是什么呢？这样的观点就大错特错了，因为孩子虽然小，对于人生也有憧憬，也有渴望。有的时候，小孩子的梦想虽然不被大人看在眼里，记在心里，但是他们却一直牢记自己的梦想，甚至到了成年以后实现梦想，让人生变得与众不同。

因为对梦想的偏见，对孩子的误解，很多父母在教养孩子的过程中，会照顾好孩子的吃喝拉撒，也会花费大量的时间和精力督促孩子学习，唯独不重视梦想对于孩子的重要意义。在西方国家，发明飞机的莱特兄弟，就是因为小时候和父亲一起放羊时，拥有了飞翔的梦想；《假如给我三天光明》的作者海伦虽然因为一场突如其来的严重疾病变成了盲聋哑人，但是她也始终心怀梦想，在人生的道路上艰难前行，最终成为举世闻名的励志女神。那些遭遇生活厄运的人在梦想的指引下，都能始终奋发图强，奋勇向前，更何况是健康的孩子呢！而对于有些孩子而言，梦想之所以在他们的人生中形同虚设，并非是因为他们没有梦想，而是因为很多父母从未引导孩子建立梦想。因此，任何时候，都不要忘记梦想的作用，这对于孩子而言是至关重要的，也是极其有力的鞭策和指引。

当还是小孩子的时候，拿破仑就表现出与众不同的特质。其他孩子每天只知道无忧无虑地玩乐，拿破仑却拥有远大的理想。有一次，叔叔问拿破仑长大之后想做什么，拿破仑立刻神采奕奕、两眼放光地说："长大之后，我要去军队里服役，要成为大将军。我还要率领法国的精兵强将，把整个欧洲都攻打下来，这样我就能建立一个特别大的国家。我将会当皇帝，统治这个国家，让其他的小国家都向我俯首称臣。"听了拿破仑滔滔不绝的这番话，叔叔不免哈哈大笑，他对拿破仑冷嘲热讽："你可真是有史以来最伟大的幻想家，你可真敢想。你说的这些根本不可能实现，更别说当法国皇帝，还征服整个欧洲呢！我建议你长大之后还是当一个想象力天马行空的小说家吧，这样你只需要写作就能实现自己的皇帝梦啦——"

被叔叔嘲笑之后，拿破仑丝毫没有懊恼，他面色平静地走到打开的窗户前，指着遥远的天边问叔叔："叔叔，你能看到天边有一颗闪烁的星星吗？"当时正是中午，天气晴好，叔叔极尽目力也没有看到星星，因而摸了摸拿破仑的脑袋说："你是不是发烧把脑子烧坏了呢？这大白天的，哪里有星星？"拿破仑依然从容地告诉叔叔："那颗星星是属于我的，它是我的希望之星，也是我的梦想之星，早晚有一天，我会梦想成真。"毫无疑问，现实生活中从未有过那颗闪烁的星星，但是那颗星星一直照耀着拿破仑的心。正是在希望之星的指引下，拿破仑才能最终成为法国皇帝，实现了自己儿时的伟大梦想。

如果没有梦想的指引,人们很难踌躇前行,到达人生的彼岸。拿破仑从小就立志当法国皇帝,横扫整个欧洲,正是因为有了这个梦想的指引,他才始终不忘初心。最终,拿破仑虽然因为自负而败北,但是他的人生无疑是辉煌的,是无可取代的,也是璀璨夺目的。

因此,孩子虽然小,也同样需要梦想,梦想终将成为孩子人生中的启明星,照亮孩子的人生,也指引孩子的人生方向。每个父母都希望孩子在人生的道路上取得长足的发展,所谓事半功倍,就是在正确方向的指引下,让努力起到预期的效果。那么,作为父母,一定要及时启发孩子,对于人生要有梦想,有方向,有理想,也要有规划。这样,孩子才不会因为没有方向而在人生的道路上走弯路,也不会因为迷惘而错失人生的未来。

错误,是进步的阶梯

面对孩子的成长,大多数父母都希望孩子的成长一帆风顺,不要犯那些不必要的错误,还有些父母会把自己人生的经验统统传授给孩子,只为了让孩子少走弯路,掌握人生的捷径。那么对于孩子而言,真的能够避免犯错,让人生顺遂如意地、以百分之百的正确率进行下去吗?当然不能。不管是对于孩子还是对于成人而言,错误都不可避免,尤其是对于懵懂无知的孩子而言,错误更是进步的阶梯,是他们不断积累人生经验的好方法。

遗憾的是,如今有太多的孩子不能坦然面对自己的错误,一旦犯错,他们就非常紧张，甚至全盘否定自己，也生怕自己因此而遭到父母的批评。孩子为何会这样呢？为何要把对于人生而言再正常不过的事情，偏偏以偏执的方式面对呢？这一切，都要追溯到父母对待错误的态度上。新生儿从呱呱坠地开始到能够独立行走之前，实际上很少犯错，他们有限的错误也就是在吃母乳的时候突然咬了妈妈的乳头，或者把屎尿弄到裤裆里，甚至是拉屎到床上。在这个阶段，父母也给予孩子最大的自由犯错。直到能够自由行动，孩子犯错的频率才会更高，这个时期，父母对错误的容忍度也越来越低。为了给孩子树立规矩，或者减少孩子犯错误的次数，很多父母一看到孩子犯错就会如临大敌，甚至还会惩罚年幼无知的孩子。渐渐地，孩子对于错误越来越敏感，甚至不能接受自己犯错误。直到长大，他们更是把错误与失败联系起来，一旦发现自己犯错，就会产生深深的挫败感，甚至感到无所适从。

不得不说，这样敏感而又极端的错误观念，都是特别疯狂的。长此以往，这样的观点不但会伤害孩子的自尊心，也会让孩子感到万分沮丧，甚至怀疑自己的能力。毋庸置疑，在这样的状态下孩子很难提高学习的效率，甚至连正常的学习都做不到。和错误本身相比，错误给孩子们带来的沉重打击和内心伤害才是更具危害性的。实际上，对于错误，父母完全没有必要如此紧张，也不应该给孩子树立不正确的错误观。唯有当父母摆正对待错误的态度，孩子才能潜移默化受到父母的影响，在犯错的时候不至于过分惊恐不安，也不至于因为错误引发更严重的后果。

任何时候，都不要掩盖错误，否则犯错就失去了意义。举个简单的例子，在学校中学习的孩子，之所以在每次考试之后都能取得进步，就是因为试卷考核出他们的弱点和错误，使得他们能够及时改正，提升自我。而如果他们在试卷中的错误被忽视，那么他们永远都会误以为自己的错误答案是正确的，这样一来，他们再次遇到同样的试题时依然会犯同样的错误，而前一次的考试也就完全失去了意义。错误的作用就在于此，所以父母要引导孩子正确面对错误，努力反思错误，及时纠正错误，进而让错误变成进步的阶梯。

每一个父母都有权利和责任帮助孩子改正有关犯错的错误观，从而让孩子在错误中得到进步，也让孩子变得越来越成熟稳重。此外，父母还应该让孩子知道，在这个世界上，每个人都会犯错，只有死人才会彻底与错误绝缘。相信当孩子意识到错误是人生之中不可避免的时候，他们也就不会在犯错误的时候过度自责，甚至恐慌，从而避免给自己或家人带来无法估量的损失了。

每次考试结束后，妈妈都会马上查看小杰的试卷，进而帮助小杰分析试卷。这次数学考试，小杰只考了90分，在班级里名次下降。为此，小杰放学之后提心吊胆拿着试卷回家，不知道等待着他的将会是妈妈怎样的歇斯底里。

出乎小杰的预料，看完试卷后，妈妈平静地问小杰："你最后的附加题是不会做还是粗心做错了？"小杰嗫嚅着说："不会做，我前几天感冒请假，正好那节课没上。"妈妈又问："那么，老师讲过试卷了吗？你现在会做这道题目了吗？"小杰点点头，妈妈把试卷还给小杰，说："好吧，那么你可以去做作业了。"小杰惊讶地看着妈妈，问："难道你没有什么想说的了吗？"妈妈摇摇头说："没有了，你只要掌握了就行，抽空再做几道类似的习题巩固一下。"小杰难以置信地看着妈妈："妈妈，但是我只考了90分。"妈妈说："虽然你只考了90分，但是你只错了一道题，而且是因为不会做才错的。所以你只需要把这道题掌握就可以了，这次考试的目的就达到了，你就取得了进步。这样总比等到期末考试时，你再因为这道题丢分要好。"妈妈的话让小杰茅塞顿开。妈妈语重心长地对小杰说："妈妈每次分析你的试卷，不是要求你一定要考 100 百分。只要你在考试中认真细心，不要因为粗心丢分，至于不会做的题目，在考试中暴露出来反而是好事情，你说呢？"小杰这才理解了妈妈的良苦用心，从此之后，他也和妈妈一样积极地反省错误，提升自己，果然学习成绩越来越好，每次考试中的表现也让人刮目相看了。

——案例来自爱普生涯儿童天赋能力成长中心

妈妈给小杰做出了很好的榜样，那就是面对错误，要分析清楚原因，从而及时改正，争取进步。正是这样的态度，才帮助小杰在每一次考试中都正确对待分数，也能够及时弥补自身的不足，从而鞭策和激励自己不断进步，奋勇直前。

当然，孩子犯错误的情况很多。很多父母对于孩子的错误总是不以为意，觉得孩子年纪还小，值得原谅。其实，当孩子犯错误时，应该引起父母的足够重视，因为面对错误如果不能及时反省和改正，那么错误就会起到完全相反的作用和效果，也就完全失去了暴露的意义。人人都会犯错，强者从错误中崛起，弱者在错误中沉沦。相信父母都愿意自己的孩子成为强者，也希望孩子能够在错误中汲取更多的经验和教训，从而成功地改正、反思错误，把这次错误中得到的教训当成以后进步的阶梯。

宽容他人，就是宽宥自己

法国大名鼎鼎的作家拉·封丹曾经写过一篇寓言故事，是关于南风和北风打赌的。在故事中，南风和北风都觉得自己的力量更强大，因而它们相约要一较高下。它们约定，如果谁能先把路上行人的厚重棉服脱下来，谁就是真正有力量。北风抢先开始发挥威力，它呼呼地吹啊吹啊，刺骨的寒风把行人冻得缩起脖子，行人反而把厚重的棉服紧紧地裹在身上。为了抵御寒冷，还有很多人戴着围巾和帽子。很快，北风就耗尽了力气，他让南风试一试。南风温柔地吹着，很快就吹散了密布的阴云，让太阳公公露出了笑脸。南风继续吹啊吹啊，温度直线上升，路上的行人全都觉得很热，不但摘下了围巾和帽子，还把棉服也脱下来了。看到这样的结果，北风甘愿认输。在心理学上，由此提出"南风效应"的概念。

南风效应，从本质上而言就是要顺应人的内在需要，而不是一味地强迫人或者逼迫人。人，唯有在内在需要得到满足的情况下，才能做出自觉主动的行为。在亲子关系中，父母对待孩子也要像南风一样，懂得他们的心思，对他们宽容以待，因为宽容远比严厉的惩罚效果更加显著。前文说过，每个孩子成长的过程就是不断犯错的过程，其实最可怕的不在于错误本身，而在于人们对错误采取了错误的态度，过分排斥和抗拒错误，使得人们无法从错误中得到反省和反思，也就错过了改正的机会。如果父母能够宽容地对待孩子，理解孩子为何犯错，而不是简单粗暴地伤害孩子稚嫩的心灵，甚至使孩子破罐子破摔，那么孩子的内心实际上还是愿意提升和完善自我的。

  遗憾的是，现实生活中，每当孩子犯错，父母大多数扮演北风的角色，在父母言传身教之下，孩子对于他人的错误也往往挑剔苛责，无法做到宽容理解。尤其是现代社会有很多孩子都是独生子女，他们从小就习惯了独占父母和长辈所有的爱，也习惯了唯我独尊。在这种情况下，孩子们如果心思狭隘，对他人不能理解和宽容，那么必然导致他们的人际关系恶劣。实际上，不管是父母对于孩子，还是孩子对于自己的小伙伴以及其他人，宽容都是必不可少的人际交往秘籍。正如人们常说的，宽容他人就是宽宥自己，孩子也唯有成为温暖的南风，才能真正温暖他人的心灵。

  很久以前，村子里有个年轻人特别贫穷，但他很勤奋，也愿意在田地里花费力气，所以他的日子才能渐渐好转起来。他有个很奇怪的习惯，就是每当生气的时候，就会跑到家里，绕着自己的房子和土地飞快地跑三圈，等到他气喘吁吁停下来时，内心的怒气已经完全消除了。他问自己：你这么穷，有什么资格与他人生气呢？还不如抓紧宝贵的时间，努力工作，才能改善生活的现状。

  渐渐地，这个年轻人的生活越来越富裕。等到老年时，他不但拥有全村最多的土地，而且拥有全村最豪华的大房子。让人奇怪的是，每当生气的时候，他虽然已经跑不动了，但是依然会拄着拐杖艰难地绕着自己的房子和土地走三圈。有一次，他又生气了，刚刚走完三圈，他最疼爱的孙子就来问他："爷爷，你生气的时候，为何总要绕着房子和土地跑啊？你现在都这么老了，不累吗？"爷爷告诉孙子："我年轻的时候告诫自己，'你既然一无所有，根本没有资格生气'。我现在告诫自己，'你已经拥有了这么多，还有什么不满足的呢？'我的怒气就消除了。"

可以说，上述事例中的主人公很有趣，他帮助自己消散情绪的方式很特别，但是这个方法的效果立竿见影。不得不说，故事主人公安慰自己的话很有道理，与其因为别人的错误惩罚自己，让自己心在炼狱，还不如真正发自内心地宽容他人，从而让自己也心怀天地。

南非总统曼德拉在担任总统职务之前，曾经在长达27年的时间里都被关押在监狱中，受尽了非人的折磨和虐待。然而，他非但没有记恨当初3个曾经虐待他的看守，反而在出任总统的就职仪式上向他们表示感谢和致敬。不得不说，曼德拉的胸怀让整个世界都为之折服。对此，曼德拉却说：当我离开监狱，走向自由，我很清楚我必须忘记一切的伤痛和抱怨，这样我才能真正获得自由。宽容，是最伟大的人格力量之一。遗憾的是，很多父母对于孩子的错误不能宽容，最终又影响了孩子也成为不懂得宽容的人。毫无疑问，这对于父母和孩子的人生都是糟糕透顶的。真正明智的人，都会学着忘记仇恨，满心自由地奔向未来。尤其是现代社会很多孩子都唯我独尊，就更要让他们学会宽容和感恩，这样才能拓宽他们人生的道路，让他们获得好的发展和成就。

安全教育，让孩子从容面对危险

如今的孩子，也许习惯了接受父母无微不至的照顾和全方位的保护，所以丝毫没有危机意识，总是很容易就被坏人欺骗甚至受到伤害。实际上，这与父母对孩子的安全教育缺失是密切相关的。虽然社会上还是好人多，但是坏人的脑门上并没有写字，尤其是当有些坏人就潜伏在孩子身边，且以好人的面目出现时，从未接受过任何安全教育的孩子就会毫无防备之心，如同案板上的肉任人宰割。

由此可见，父母一定要第一时间对孩子进行安全教育，从而让孩子变得更加勇敢机智，也让孩子成功消除潜伏在身边的危险。当然，安全教育并非是朝夕之间的事情，而是要根据孩子不断成长的过程潜移默化地进行。很多父母误以为只要把安全知识讲给孩子听，孩子就能保护自己了。殊不知，安全教育不是安全知识的灌输，而是安全意识的养成，是需要在日常生活中润物细无声地教给孩子的，是孩子的潜意识，而无法让孩子像面对考试那样去进行回答。这就像老司机开车，遇到危急情况就会下意识地采取制动，而如果换作新手，再去琢磨到底应该如何做，事故早就已经不可避免地发生了。所以父母对孩子进行的安全教育，也要渗透到孩子的思想意识中，这样孩子才能有效保护自己，避免遭到伤害。

小云在的幼儿园每天下午五点就放学了，一开始，有奶奶帮忙接送，但是后来奶奶回老家了，爸爸妈妈又忙于工作，下班赶回家至少也要六点半，因而小云就被留在学校。时间长了，老师也未免有意见，毕竟老师本来是五点钟放学就可以下班的，现在却因为小云而不得不加班，再加上老师家里也有孩子，所以抱怨在所难免。有一天，老师因为自己家的孩子生病发烧，就临时把小云放在传达室里，然后给小云爸妈打电话，让他们去传达室接小云。

妈妈最先回家，看到小云正在传达室里画画，又觉得传达室里五十多岁的老大爷人还比较和善，因而便和老大爷商量能否以后每天放学把小云托管在传达室，然后每个月给老大爷200元钱。老大爷当然愿意了，因为传达室就是他的家，小云又很安静，根本不影响什么。就这样，每天放学，老师都把小云放到传达室，妈妈或者爸爸六点半多到家，路过传达室接小云。为了表示感谢，爸爸还给老大爷买了礼物以表谢意。

一天晚上，妈妈给小云洗PP的时候，小云突然说自己的PP疼，怎么也不让妈妈碰。妈妈以为小云上火了，赶紧检查，这才发现小云私处红肿得厉害。妈妈突然想到不好的事情，因而问小云是否发生了什么。小云一开始不敢说，后来才吞吞吐吐说老大爷摸她了，还告诉她不能对任何人说。妈妈简直要发狂，爸爸得知此事更是大怒。报警后，看门人被抓，经过一番调查，他对自己所犯罪行供认不讳，并且承认不止一次猥亵小云。爸爸妈妈为了小云的将来考虑，不得不卖掉房子，带着小云搬到完全陌生的城市，重新开始生活。

——案例来自爱普生涯儿童天赋能力成长中心

在这个事例中，那个可恶的看门人固然罪该万死，但是作为小云的监护人，父母把才五岁的小云交给一个陌生的老男人监管，不得不说他们自身就缺乏安全意识，所以才会导致小云也没有安全意识，压根不知道如何保护自己。也许有人会说，这么小的孩子没有保护自己的能力，实际上如果对小云进行安全教育，那么在发生意外之后，小云至少可以及时告诉爸爸妈妈，从而避免让自己继续遭受侵害。

作为父母，千万不要只顾一味地盯着孩子的学习，或者为减少孩子给生活带来的麻烦，就随随便便把孩子送到托管班，甚至交给私人托管。人心叵测，坏人脸上从来不会写字，与其等到事情发生再悔不当初，还不如防患于未然，同时也能避免孩子受到伤害。所以对孩子进行安全意识教育和初步的性教育迫在眉睫。父母懒惰一天，孩子的危险就增加一分，这样想来，父母还会把安全教育不当回事吗？！

当然，现实生活中，危险会以各种形式出现，因此父母在教育孩子的时候，也要全方位帮助孩子建立安全意识。对于稍微大一点的孩子，还可以采取安全演习的方式，从而让孩子知道当遭遇具体的危险时应该如何面对。总而言之，安全无小事，安全大于天，唯有保证孩子的安全，才能让孩子健康成长。

孩子，请擦干眼泪，绽放笑容

如今，大部分孩子都是霸道总裁，不管是在学习还是在生活中，他们总是一味地按照自己的喜好选择和决定，从不愿意做出任何妥协。哪怕明知道自己是错的，他们也固执己见，不肯轻易退缩。毫无疑问，这样的孩子都很坚强且有个性，很少表现出软弱的一面。与此相反，有些孩子却很胆小，不管遇到什么事情，都会情不自禁地想要依赖父母，甚至想要躲起来。他们很爱哭，眼泪就像自来水，说来就来。和那些霸道的孩子一样，他们也让父母感到很头疼，因为面对他们的哭泣，父母根本不知道如何应对。孩子为什么动不动就哭呢？

有些孩子很容易哭，是因为他们天生敏感，他们把哭泣作为表达自己的方式之一；有的孩子之所以哭泣，是为了寻求父母的关注，或者是得到父母的特殊对待；还有的孩子哭，则是因为情绪的积累。有很多父母认为孩子还小，没有忧愁，其实是不对的。哪怕再小的孩子，都有情绪感受能力，如果孩子觉得自己受到了委屈，就会用哭泣来表达。总而言之，孩子哭泣的原因多种多样，父母唯有给予孩子更多的理解和关注，真正打开孩子的心扉，才能更好地安抚孩子的情绪，从而从根本上解决问题。

原本，妈妈以为闹闹去上幼儿园之后，一定会大喊大叫，哭泣不止。没想到，闹闹相对顺利地度过了初入幼儿园的时期，丝毫没有因为入园给妈妈带来太多的焦虑。但是进入幼儿园两个多月后，妈妈突然发现闹闹变得爱哭了。例如闹闹正在躺着看动画片，妈妈严肃地提醒她："闹闹，赶紧坐起来。"这时，闹闹却委屈地开始掉眼泪。有一次，妈妈带着闹闹去吃馄饨，端来馄饨的阿姨只是提醒闹闹把桌子上的号牌放好，闹闹就又委屈地哽咽起来，差点儿连馄饨都没吃。闹闹这是怎么了呢？为什么这么爱哭呢？妈妈非常纳闷。

有一天，闹闹因为妈妈无心的一句话又哭了起来。妈妈把闹闹抱着坐在腿上，拥抱在怀中，然后柔声细气地对闹闹说："宝贝，你今天在幼儿园里开心吗？"闹闹止不住掉眼泪，很久才说："毛老师打我。"妈妈又问：

"老师为什么打你呢？她不知道你很伤心吗？你哭没哭？"闹闹说："因为我跟小蕊说话了，毛老师也打小蕊了。"妈妈让闹闹模仿老师打人的样子，闹闹模仿得惟妙惟肖。妈妈想到也许是孩子不遵守课堂纪律，所以被老师呵斥了。因此妈妈向闹闹解释："上课的时候不许说话，知道吗？要是有事情，要举手告诉老师，这样就不会被老师批评了，好吗？"闹闹似乎得到了解决的办法，焦虑的情绪渐渐平静下来。妈妈就这样一直把闹闹抱在怀里，直到闹闹自己要求下来去一边玩耍。此后，妈妈明显感觉到闹闹的情绪舒缓多了。

——案例来自爱普生涯儿童天赋能力成长中心

对于初入幼儿园的孩子而言，也许还无法正确表达自己的情绪感受，但是他们的眼泪不会撒谎。如果白天在幼儿园里受到委屈，或者内心的预期和渴盼没有得到满足，他们就会堆积各种负面情绪。需要注意的是，不管孩子说什么，父母都不要否定，因为孩子此时需要的不是一个仲裁者，而是一个倾听者。认可孩子的感受，才能安抚孩子的情绪，让亲子之间的沟通更加顺利。当觉得孩子无法真实表达自己的感受时，父母还可以给予孩子一定的引导。但是要注意，不要在提问的时候故意误导孩子，否则就会使孩子的表达失真。

面对爱哭的孩子，父母还要做到无条件接受孩子，哪怕孩子的眼泪让你抓狂和不知所措，你也不要轻易对孩子表示否定和排斥。父母唯有真正接纳孩子，孩子才会在父母面前表现出自己最真实的一面。尤其需要注意的是，在孩子哭哭啼啼的时候，不要把孩子与其他孩子进行横向比较，否则会让孩子更伤心，因为他觉得自己被父母否定和嫌弃了。同时，这也是不尊重孩子的表现。总之，不管是哭还是笑，都是孩子的真情流露；也不管是男孩还是女孩，都有权利以哭泣表达自己。因而父母永远不要禁止孩子哭泣，否则就像让孩子闭嘴一样愚蠢和失策。记住，父母只需要接受孩子的一切感受，而不需要帮助孩子解决感受，所以父母面对哭泣的孩子更重要的是引导，而不是呵斥孩子。

第六章

学会如何与人相处和交往,儿童也能成为小小社交达人

  每一个孩子,都要从家庭走向社会,成为对社会有意义的人。很多父母误以为孩子要到大学毕业才真正走入社会,实际上这样的观点是完全错误的,也会耽误孩子社交能力的发展。每个孩子从进入幼儿园开始,就相当于迈入了社会,也是走出了成为社交达人的第一步。在此期间,父母就要有意识地培养孩子的社交意识,引导孩子学会与人相处,并且教会孩子如何进行人际交往。

乐于分享，让乐趣翻倍

如今，有很多孩子不懂得分享。他们有了好吃的就一个人独享，有好玩的也不让其他小朋友碰。孩子到底怎么了？实际上，这与孩子们的成长环境密切相关。如今，大多数孩子都是独生子女，他们在父母和祖辈的疼爱与呵护下成长，从未有过兄弟姐妹，即使去了幼儿园，也不想与小朋友亲密相处。很多父母特别溺爱孩子，对于孩子的需求，他们总是毫无原则地满足。尤其是一些祖辈，面对家里的独苗，更是倾注了所有的爱。在唯我独尊的成长环境中，孩子们渐渐成为小霸王或者小公主，根本不愿意与身边的人分享。每当愿望得不到满足时，他们还会抱着自己心仪的玩具在地上打滚，无论父母怎么劝说都不愿意起来。当父母采用强硬手段的时候，他们也会马上变得强硬起来，更大声地在地上哭闹。作为幼儿园的老师，在迎接新生入学时，一定会发现新生经常会因为抢夺玩具而打架，有的时候孩子明明可以玩其他更好的玩具，但也坚持与其他小朋友抢，绝不相让。这都是因为孩子缺乏分享的精神，也因此失去了很多的乐趣。

在父母和长辈都围绕着自己转的过程中，很多孩子都养成了唯我独尊的坏习惯。他们是全家人瞩目的焦点，总是以自我为中心，总是把自己的东西保护得好好的，不让别人碰，甚至还会抢夺别人的东西，而不愿意把自己的东西分享给他人。长此以往，他们当然不知道分享的乐趣了，也更加无法体会分享对于人生的特殊意义。

一直以来，奶奶都很疼爱昊天，也总是竭尽所能地满足昊天的一切要求。有的时候，明明昊天不需要的东西，奶奶只要是觉得好，也会留给昊天。有一次，亲戚送给奶奶一盒巧克力，奶奶一直保留着，直到昊天放暑假回家，巧克力都已经过期了。在奶奶的宠爱下，昊天觉得自己简直就是宇宙的中心，谁也不能违背他的意思，更不能让他不满意。

有一年快过春节时，有一个亲戚来家里做客，带了一个大西瓜。在冬天，西瓜可是很稀罕的东西，妈妈不准备独享，因而当即把西瓜切开，让亲戚也一起分享。看着妈妈把西瓜切成一块一块的小块，昊天居然急哭起来。妈妈不知所以然，问："昊天，你是不想吃西瓜吗？不想吃可以不吃，也不用发愁得哭起来呀！"昊天歇斯底里地大喊大叫："妈妈，你是个大坏蛋，你是个大坏蛋。"妈妈不明白原因，奶奶却在一旁心知肚明。原来，西瓜中间部位没有籽，而且很甜。因而奶奶每次吃西瓜，都会把西瓜一切两半，然后把中间最好的部分用勺子挖出来给昊天吃。得知原因，妈妈义正词严地对昊天说："昊天你要是想吃西瓜，就要和大家一起分享。如果你不想吃，你可以不吃。如果把最甜的地方都给你吃，别人吃什么呢？只有均匀切开，每一块西瓜才都有最甜的部分，这才是最公平的。"昊天第一次听到妈妈这么说，有些丈二和尚摸不着头脑，妈妈却坚持自己的做法，绝不向昊天妥协。

——案例来自爱普生涯儿童天赋能力成长中心

上述案例中，妈妈的做法无疑是正确的，奶奶的做法是错误的。如今，很多孩子在幼儿园里不愿意分享，还总是与他人争夺玩具，就是因为他们没有分享的意识，因而导致人际关系恶劣。要想改变孩子的独霸现象,让孩子明白分享的重要性,父母及祖辈就要从小引导孩子学会分享。哪怕是在家里,也不要把所有好吃的都给孩子一个人吃,否则孩子就会把坏习惯带到社交中,这最终会害了孩子。此外,父母也要与孩子分享,对于比较昂贵的儿童食物,父母可以少吃一些,但是不要一口不吃,任由孩子吃得肚饱溜圆。如今,很多父母还会抱怨长大成人的孩子不孝顺,殊不知根源就在于父母的教育方法上。

孩子的确是家庭的重心所在,也是父母的掌上明珠,然而任何一个骄纵过度的孩子都没有好的为人处世习惯,也不懂得体谅父母的辛苦。所以明智的父母会主动给孩子灌输分享的意识,在现实生活中也引导孩子学会分享,让孩子因为分享,拥有良好和谐的人际关系。

宽和的语言,是流淌自心底的清泉

细心的人会发现,如今有很多孩子说起话来总是恶狠狠的,从不懂得宽容忍让的道理。哪怕是和父母之间发生小小的误解和争执,他们也咬牙切齿,似乎辛苦抚育他们成长的父母,转眼之间就成了他们不折不扣的仇人。孩子到底怎么了?很多人都以为孩子应该善良纯真,在看到孩子充满戾气的眼神时,未免深感震惊。

语言是沟通的桥梁和媒介,语言也是汩汩流入人心底的清泉。一个人唯有内心拥有真善美,他的语言才会更加美好。反之,一个人如果内心总是充满怨恨和憎恶,那么他的语言也未免会伤人,甚至挑起人际纠纷,给自己带来麻烦。近些年来，社会上因为偶然碰撞而恶语相向，导致发生悲剧的事例很多。前几年，接连发生的摔婴案件，更是给无数人敲响了警钟，不要逞口舌之快。其中有一件尤其恶劣，在社会上影响极坏。事件的经过是这样的：一天，有个妈妈推着婴儿走出超市，因为身后有车辆鸣笛没有及时让路，招惹了醉醺醺的司机，两人发生争吵，最终在猝不及防的情况下，司机把婴儿从婴儿车里举起来，狠狠地摔到地上，婴儿顿时失去了生命，妈妈痛不欲生。毋庸置疑，司机是垃圾人，然而妈妈难道就没有做错的地方吗？带着小婴儿，一味地逞口舌之快，等悲剧发生，再怎么痛苦也无法挽回了。还有一个妈妈带着孩子乘坐电梯，也因为遭遇垃圾人，而与对方发生争执，使得年幼的孩子被摔。也许有人说，遇到垃圾人就应该躲开，然而就像坏人脑门上从来没写字，垃圾人的脑门上也没有字。既然如此，最重要的是我们要净化自己的心灵，养成宽容待人的好习惯，退一步海阔天空，以温和的语言建立良好的人际关系。

不仅孩子需要净化语言，父母同样需要净化语言。很多孩子言语之中充满戾气，一则是因为玩暴力游戏受到影响，二则是因为身边的人言传身教。每个孩子身边的人，最主要的就是父母，其次是老师、同学等。因此作为父母，哪怕情绪再怎么波动，也要给孩子营造良好的成长氛围，形成干净的语言环境，这样孩子的心灵才能更加安宁，也不至于因为语言的暴戾而导致人际关系恶化。

妈妈骑着电动车带着昊天去参加补习班。因为补习班所在的路口正在修路，妈妈不想绕行，就决定逆行大概100米，再过马路。然而，逆行的那段路很狭窄，妈妈带着昊天不停地躲避，最终还是被一辆电动三轮车从侧面撞倒了。当时，昊天因为去游乐场玩，导致后背被晒伤，整个后背都是水泡，为此，他在倒地的一瞬间狠狠骂道："去你妈的，还撞人！"

骑三轮车的是一个残疾老人，听到昊天骂，下了车就冲到昊天面前指着昊天的脑袋骂道："你这个小兔崽子逆行还骂人！"妈妈见状，也不顾电动车摔在前面，赶紧过来看看昊天有没有受伤，挡在昊天前面。看到老人使劲地骂昊天，妈妈原本觉得昊天骂人不对，但是也忍不住与老人理论起来："孩子毫无戒备突然被你撞飞了，骂人也是下意识的，你都六七十了还与个小孩子计较，不先看看孩子摔得怎么样，还在这里骂人！"老人说："这个孩子不得了，以后要吃大亏，父母教育得不好。"妈妈被气得七窍生烟，又担心昊天受伤，说："你这个老头，你父母也没把你教育好。撞了孩子，不先看看孩子怎么样，反而上来就与孩子对骂。"后来，妈妈打了110，警察处理完事情，让妈妈带着昊天去医院检查，确定伤不严重，妈妈悬着的心这才放了下来。妈妈严肃地批评昊天："你怎么张口骂人呢？你被人撞倒，受了伤，张口骂人你的伤就能好了吗？非但不能好，还会激怒别人。如果今天不是妈妈在，要是你一个人，你的麻烦就大了。所以，以后不管遇到什么事，都不能上来就骂人。万一遇到垃圾人，那你就危险了。"说完，妈妈还讲了其他因为与他人发生口角而引发刑事案件的恶性事件。昊天听了后，也意识到了自己的错误，并且承认了错误。

——案例来自爱普生涯儿童天赋能力成长中心

妈妈说得对，遇到垃圾人，骂人不但会激怒对方，还会让自己受到更大的伤害。所以每个人在社会上，不管遇到什么事情，都要控制好自己的情绪。骂人也许能图一时之快，但是最终非但于事无补，还有可能事与愿违。上述事例中，妈妈及时报警保护昊天，也及时在确定昊天没有受伤之后教育昊天，是非常正确的做法。

一个言语宽和的人，也许会遭到他人的怒骂而不知道如何反击，但是正如古人所说，吃亏是福，否则如果与他人对骂，甚至动手动脚开始厮打，最终的结局如何就很难预料了。在现实生活中，父母一定要引导孩子养成宽容善良的好习惯，对于任何人，都不要针锋相对。语言是流淌自心底的清泉，孩子的心里应澄澈透明，没有任何污浊。

把他人的东西"拿"回家

当孩子长到三岁，也就是入幼儿园年龄的时候，父母就会面对一个很头疼的问题，即孩子越来越调皮，而且常常因为物权的纠纷与小朋友之间发生矛盾。这是因为三岁的孩子自我意识逐渐增强，他们知道哪些东西是自己的，却不能准确区分哪些东西是他人的。对于自己喜欢的东西，他们就理所当然据为己有，因而很多家有幼儿的父母会发现，孩子的书包里经常莫名其妙地多一些漂亮好玩的玩具。这都是孩子在无意识的状态下带回家的，他们觉得玩具好玩，或者某个东西很漂亮，就理所当然地拿回了家。

那么如何才能让孩子区分东西是自己的还是别人的呢？这是个难题。有些人误以为孩子的这种行为是偷窃，实际上，这种行为的结果虽然看起来和偷窃没什么两样，但是与偷窃却有着天壤之别。三岁的孩子根本不懂得偷窃是什么意思，因而从心理学的角度而言，三岁前后的孩子出现这样的行为表现完全正常。直到六岁之后至青春期，孩子才会明白什么是偷窃行为。只有端正对于孩子把他人的东西"拿"回家的态度，父母才能更加理解孩子的行为，也能够以正确的方法引导和教育孩子。

因为家里没有老人帮忙带孩子，而妈妈又想早一点儿上班，所以晓菲才两岁半就被妈妈送到幼儿园上小班了。开学两个多月，晓菲适应了幼儿园的生活后，每天都能高高兴兴地去幼儿园，晚上也快快乐乐地回家。然而，没过多久，妈妈就发现晓菲的口袋里多了很多玩具。几乎每天放学回家，晓菲的口袋里不是有一个小毛绒玩具，就是有一个小汽车，有一次居然还装着巧克力糖果。妈妈纳闷极了，不知道晓菲到底从哪里弄来这些东西的，按理来说，这么小的孩子还不太懂得交换呢！

妈妈接晓菲去得比较晚，班级里其他的孩子都走了，因而妈妈得以和老师简单沟通。当妈妈说起晓菲口袋里经常多些东西时，老师啼笑皆非："晓菲妈妈，这些都是小朋友丢的，或者是教室里丢的。"妈妈感到很惭愧，当即代替晓菲向老师道歉："真是不好意思，不知道这个小家伙怎么总偷拿别人的东西呢！"老师笑着对晓菲妈妈说："晓菲妈妈，不要这么说孩子呀。其实，班级里有很多小朋友都会出现这样的情况，晓菲也应该丢过东西，这会儿不知道在哪个小朋友家里呢。孩子还小，不能准确区分哪些东西是属于自己的，哪些东西是属于他人的。对于自己喜欢的东西，他们理所当然地据为己有，也没有意识到这么做有什么不妥。您千万不要批评晓菲，因为在孩子心目中这么做没有任何错误。您可以经常告诉晓菲哪些东西是她的，哪些东西是爸爸的或者妈妈的，也教她在动别人的东西之前，先要征求别人的同意，渐渐地，晓菲就能分清楚东西的物权归属了。"妈妈连连点头，对着老师说："谢谢啊，老师，要不是您这么说，我真的觉得孩子是在偷东西了。我回家一定按照您说的做，帮助她尽快成长起来。"

——案例来自爱普生涯儿童天赋能力成长中心

晓菲之所以把同学的或者班级里的东西拿回家，就是因为她觉得自己很喜欢那个东西。面对这样的情况，父母一定要摆正态度，认知孩子的身心发育规律，切勿不问青红皂白就劈头盖脸数落孩子。否则，就会导致孩子的内心受到伤害，甚至不得不通过谎言来为自己辩解。父母最重要的责任在于引导孩子说出事实真相，帮助孩子真正区分物权所属，这样才能帮助孩子规范自己的行为。当然，虽然孩子不是故意把别人的东西拿回家的，但是在发现之后，父母除了给孩子讲道理之外，还要说服孩子把东西物归原主。这样的行为，能够更好地帮助孩子建立物权归属的意识，也有利于孩子不断地成长，发展自己。

当然，除了分不清楚物权归属的孩子之外，有些稍微大点儿的孩子，也有可能通过"偷窃"的方式引起他人的注意。例如有些父母总是忽略孩子，除了忙于工作之外，从来不在孩子身上投入过多的时间和精力，孩子觉得很无聊且乏味，为了吸引父母的注意，也有可能偷拿别人的东西。有些情绪复杂的孩子，还会以"偷窃"的方式表达自己的不满。例如，几个孩子在幼儿园里抢同一个玩具，没有抢到玩具的小朋友也许会故意去偷拿玩具，从而开展报复，发泄不满。总而言之，孩子每一种行为背后都隐藏着深层次的心理原因，父母一定要充分了解孩子的心理状态，才能与孩子更友好地相处，也才能处理好孩子的教育问题。

今天，我和黄伊娜拥抱了

1972年，美国社会心理学家艾森伯格提出了亲社会行为，作为与侵犯等否定行为相对立的概念。一个人做出亲社会行为，可以使他人或者社会获得益处，因而亲社会行为往往都非常积极，属于社会化大行为。在2012年，中国教育部颁布了《3～6岁儿童学习与发展指南》，其中把亲社会行为作为衡量儿童人际交往和社会化进程的重要标准。

孩子在三岁前后，会出现明显的亲社会行为，直到六岁期间，孩子的亲社会行为都会很明显。众所周知，3～6岁是孩子的入园时期，在此期间，孩子在幼儿园里可以结交更多的好朋友，满足自己交朋友的欲望。当然，孩子的亲社会行为不仅表现在交朋友方面，还表现在孩子的情绪体验更加丰富，能够理解和体谅他人，也能够安慰和安抚他人。对于他人的苦恼忧愁，孩子在有了亲社会行为后也会有一定的积极反馈。总而言之，孩子从出现亲社会行为开始，正式迈入社会，开始社会化进程。

对于3～6岁的孩子，他们还会积极地向身边的人学习。当身边有人做出亲社会行为，哪怕与该行为无关，也不是受益者，孩子也会认真观察，积极思考，从而学习这种行为和能力。如果孩子在此期间能够提升自己的亲社会行为能力，那么他们的一生都将会受到积极的影响和作用。心理学家经过研究显示，那些具备亲社会行为的孩子在长大成人之后，对待生活会更加积极主动，也更容易获得幸福。

转眼之间，晓菲已经从托班升入小班了，如果说在托班的幼儿园生活还是懵懂无知的话，那么进入小班之后，晓菲明显对幼儿园生活更加热爱了。一天放学，在回家的路上，她告诉妈妈："妈妈，我今天和黄伊娜拥抱了，我和黄伊娜是朋友了。"看着晓菲满脸的高兴，妈妈故作惊讶地说："哎呀，这可真是好事情啊！你都和黄伊娜拥抱了呀！"晓菲说："是的呀，我和黄伊娜拥抱了，我们是朋友了。"妈妈赶紧恭喜晓菲："嗯嗯，晓菲太棒了，都有朋友了。你还有其他朋友吗？"晓菲想了想，说："申睿祺和王定松也是我的朋友。"妈妈说："晓菲真棒，和朋友在一起好好玩，团结友爱，好不好？"晓菲点点头，拉着妈妈的手蹦蹦跳跳往家里走去。

　　没过几天，晓菲又告诉妈妈："妈妈，今天老师打申睿祺，他哭了。"说着，晓菲也做出哭脸的样子。妈妈说："老师为什么打申睿祺呢？"晓菲说："因为申睿祺下位了。老师打他屁股，他就哭了。"说完，晓菲又假装哭起来的样子。妈妈问："申睿祺一定很伤心吧？"晓菲点点头，向妈妈演示申睿祺是怎么哭的。妈妈提醒晓菲："上课的时候，是不能下位的，不然老师生气就会打屁股。晓菲要遵守纪律，也告诉申睿祺遵守纪律，好不好？"晓菲点点头，说："嗯嗯，我知道了，妈妈。"

——案例来自爱普生涯儿童天赋能力成长中心

　　晓菲三岁多进入幼儿园小班，不但结交了黄伊娜这个好朋友，还感受到申睿祺的情绪，可以说晓菲的亲社会行为已经非常明显了。意识到晓菲进入亲社会行为阶段，妈妈应该抓住这个机会帮助晓菲发展人际关系，增强晓菲的情绪体验能力，帮助晓菲收获更多的友谊。如果在此期间晓菲形成很强的亲社会行为能力，那么晓菲未来在人生中就会更加积极主动，也能更好地处理好人际关系，受到大家的欢迎。

总而言之，亲社会行为是在个体社会化的过程中渐渐完成的，代表着积极的价值观。学前阶段，也就是幼儿园时期，对于每个孩子而言，都是形成亲社会行为的好时机。因而父母一定要对孩子这个阶段的行为表现有所了解，也要洞察孩子在此期间的心理奥妙，才能做到恰到好处地引导孩子，帮助孩子丰富情绪，学会理解、安慰、同情他人，学会与他人分享与合作，才能成为更优秀的社会人。

我和黄桃不是好朋友

面对孩子，很多父母都存在一个误区，即觉得孩子拥有和成人一样的视角和思维，也因此父母对孩子总是想当然。实际上，哪怕父母只是蹲下身体，让自己的眼睛和孩子的眼睛保持水平线看待这个世界，就会发现世界变得完全不同。曾经有位妈妈带着年幼的孩子一起参加聚会，妈妈觉得聚会非常精彩，然而孩子却哭闹着要回家。妈妈无奈，只好蹲下身准备抱起孩子，这才发现自己目之所及全部都是各种各样的腿。妈妈震惊了，说："我从来不知道，在成人眼中这么精彩的聚会，在孩子眼里居然都是晃动的腿，这么无聊和乏味。"是啊，换个角度看世界，你看到的将会是截然不同的情形。以孩子的角度看待世界，父母才能真正认知和理解孩子眼中的世界。

除了看到的不同之外，孩子感受到的很多事情也与成人不同。实际上，孩子生活在两个世界，一个世界中有父母等成人，一个世界里，就只有他们的小伙伴。对于孩子而言，小伙伴的意义至关重要，父母哪怕再与孩子打成一片，企图成为孩子的朋友，也无法取代小伙伴在孩子成长中的重要作用。从本质上而言，伙伴关系是孩子在人际交往中建立起来的。不管是在狩猎采集的原始社会，还是在物质和精神文明高度发达的现代社会，孩子对于伙伴的需求都从未改变。他们需要与伙伴相处，才能找到自己的位置，形成自己的个性，如此才能不断地社会化。然而需要注意的是，在3～7岁期间，孩子的友谊还相对比较脆弱，伙伴关系也很松散。正是在这个阶段，孩子的友谊建立在地理位置相邻、对同一件事情感兴趣的基础上，甚至哪怕只是拥有相同的玩具，也能帮助孩子临时建立起一起玩耍的友谊。正因为如此，在此期间，孩子的友谊具有排他性，因为他们对于友谊的理解和界定过于浅薄和局限。所以父母要引导孩子与更多的小朋友相处，从而让孩子能够全面健康地发展。

晓菲已经是幼儿园中班的小朋友了。她有了很多朋友，也与很多同学不是朋友。看到晓菲对于友谊的界定如此狭窄和苛刻，妈妈不由得有些担心。与此同时，晓菲判断一个人是否与自己是朋友的标准也让人啼笑皆非，例如晓菲会告诉妈妈，"妈妈，黄伊娜和我一样扎两个小辫子，我们是好朋友"，或者"妈妈，王定松坐在我旁边，他是我的好朋友"。

妈妈知道黄桃和晓菲同属于梨子组，因而问晓菲："晓菲，黄桃是你的好朋友吗？"晓菲摇摇头，说："不是。"妈妈很惊讶，问："为什么呢？"晓菲说："因为黄桃没有小辫子。"妈妈笑着说："没有小辫子，也可以当你的好朋友呀！"晓菲有些不耐烦："哎呀，黄桃没有小辫子，黄伊娜才有，和我一样是两个。"妈妈又问："王定松也没有小辫子，还是男孩，为何是你的好朋友呢？""王定松和我坐在一起。"晓菲不假思索地说。妈妈暗自好笑：原来，晓菲交朋友的标准就是有没有小辫子，或者是否和她坐在一起啊！

——案例来自爱普生涯儿童天赋能力成长中心

晓菲四岁多，正处于热衷交朋友的亲社会行为发展时期，然而晓菲的友谊又很脆弱，她对朋友的判断标准与成人完全不同，简单而又纯粹，直截了当。当然，这并非意味着晓菲对待友谊的态度很草率，而是因为晓菲正处于特殊的年龄阶段，所以才会这样判断友谊，也使得友谊具有排他性，不愿意接纳和自己没有相同点的人成为朋友。

随着年龄的不断增长，晓菲对于友谊的理解一定会越来越深刻，交朋友的标准也会不断改变，也不会轻易交朋友，或者轻易就断定一个人不是自己的朋友了。在这个阶段，父母虽然要多多引导孩子扩大人际交往的圈子，却不能强迫孩子必须与某个小朋友交朋友。归根结底，孩子虽然小，却有自主权利，父母应该尊重孩子的主观能动性，而不要过度干涉和介入孩子的成长。要知道，就像一朵花的盛开有自己的花期，孩子的成长也有自己的规律，父母唯有尊重孩子内在的生命规律，才能更好地保护孩子茁壮健康地成长。

交换，孩子迈出人际交往的第一步

细心的父母会发现，孩子尤其热衷于一件事情，那就是交换。而且，让很多父母抓狂的是，孩子的大部分交换行为往往是"不等价"的，也就是孩子的交换完全凭借心情和喜好，而丝毫没有考虑到物品本身的价值。例如有的孩子会用自己一个昂贵的小飞机，和小伙伴交换一本书，甚至拿一个小汽车玩具，只为了换小伙伴的一颗玻璃珠子。父母发现孩子的不等价交换之后，往往会觉得很崩溃，取消交换觉得不好意思，也担心孩子反对，但是继续这么交换下去，父母损失很大。怎么办呢？

实际上，这是因为父母一味地衡量价值而产生的错误。对于孩子而言，交换的乐趣和物品本身价值毫无关系。然而，成年人因为惯性思维，总是觉得任何交换都要以金钱为标准，忽略了孩子交换的标准在于某个物品在自己心目中珍贵的程度，或者能给自己带来多少快乐。举个最简单的例子，假如一个孩子对于自己的遥控飞机已经玩腻了，那么他们就想用遥控飞机换几个玻璃珠子，这样自己就可以感受到新鲜的快乐。在价值相差不是太悬殊的情况下，父母对于孩子的交换行为应该给予理解，不要总是从占便宜或者吃亏的角度来衡量孩子的交换行为。归根结底，交换行为是孩子人际关系的开始。鼓励孩子进行交换，对于孩子迈出走向社会的第一步是至关重要的。

通过交换，孩子们可以收获友情。而且，在对交换的方式运用得得心应手之后，他们还会发现通过交换方式获得的友谊，会更加长久。这一切都使孩子们更热衷于交换，从三岁前后开始进行交换，到小学期间，孩子们还是会对交换乐此不疲，由此可见孩子们是多么喜欢交换啊！

一天放学，晓菲兴致冲冲地告诉妈妈："妈妈，看看我的新礼物。"晓菲举起一个小小的毛绒兔子给妈妈看。这个兔子大概只有巴掌大小。看到晓菲这么喜欢，妈妈也装作感兴趣的样子问："晓菲，这个兔子真可爱，雪白雪白的，还有长长的耳朵，是谁送给你的呢？"晓菲说："我用熊大换的。"听到这句话，妈妈心里咯噔一下子：熊大？哪个熊大。突然，妈妈想起幼儿园要求每个小朋友今天都带一个玩具上学，晓菲所说的熊大就是她的生日礼物，一个会发声会讲故事的熊大。

妈妈问晓菲："你用熊大换了这个小兔子？"晓菲沾沾自喜地点点头："是的啊，妈妈，小兔子很可爱吧。""你和谁换的？"晓菲告诉妈妈："我和黄伊娜换的。黄伊娜也很喜欢我的熊大。"回到家里，妈妈思量再三，不知道是否应该联系黄伊娜的妈妈。正当妈妈犹豫不决时，黄伊娜妈妈来电话了，对晓菲妈妈说："晓菲妈妈，黄伊娜居然用一个小小的毛绒兔子换了晓菲的熊大。等她们玩过几天之后，咱们再换回来吧，价值不等啊！"听到黄伊娜妈妈的话，晓菲妈妈心中释然了，说："嗯嗯，没关系的，孩子喜欢玩，就交换了。如果过几天，她们想换就再换回来，不想换就这样吧，只要能给孩子带来快乐就好。毕竟是孩子们自己做出的决定，是否换回来，还是要由她们自己决定。"黄伊娜妈妈说："不行啊，这个熊大可贵呢！要不玩过几天，我给你们送回去，小毛绒兔不值钱，就给晓菲留着玩。"

后来，黄伊娜妈妈坚持要把熊大送回来，晓菲妈妈也准备了一个礼物送给黄伊娜，总算把这件事情圆满解决了。

——案例来自爱普生涯儿童天赋能力成长中心

如果不是价值相差悬殊的东西，父母应该尊重孩子的决定，让孩子自由地交换。当然，如果价值相差悬殊，也可以在玩过之后换回来，或者像事例中晓菲妈妈的做法那样，再送给黄伊娜一个新的礼物，这都是很好的解决方法。总而言之，父母千万不要随便就否定孩子的决定，更不要随意撤销孩子的决定。唯有尊重孩子，才能让孩子越来越有主见。退一步而言，哪怕孩子最终后悔了，不想交换了，也正好借此机会让孩子学会为自己的决定负责任，这都是很好的教育契机。

当孩子反悔的时候，父母不要催促孩子去把交换的东西要回来，而要告诉孩子每个人都需要为自己的决定负责，决定一旦做出就无法撤销，因而下次做决定要慎重，要思考周全。这样一来，孩子下次再交换，就会比较理智和慎重了，而不会因为一时冲动就做出让自己懊悔的事情，用一个玩具让孩子懂得一个深刻的人生道理，难道不是很值得吗？如果孩子坚持要换回来，那么也要让孩子征求对方的同意。要告诉孩子，如果对方同意，可以换回来；如果对方不同意，那么作为玩具的新主人，对方是有权做出这种决定的，而作为玩具的前主人，孩子无权强求。这无疑是一场生动的社会实践课，既可以教给孩子交换的原则和规则，也可以帮助孩子学会为自己的决定负责。

现实中，很多父母一旦发现孩子在交换中吃亏了，就会完全禁止孩子交换。殊不知，这种做法是非常错误的，因为对于孩子而言，交换能够带来莫大的乐趣，即使作为父母，一旦把玩具送给孩子，也无权阻止孩子交换。记住，任何情况下，父母一定要尊重孩子，更要引导孩子学会分享，通过交换结识更多的朋友。这样，孩子才能随意交换，也把交换的作用发挥到最大。

告状大王的苦恼

很多细心的父母会发现，小学阶段的孩子尤其喜欢告状，不管什么事情都要告诉父母，告诉老师，告诉相关的人，从而让犯错误的人得到惩罚。孩子为何喜欢告状呢？如果你当小学老师，那么你就会知道爱告状的孩子有多么"烦人"。辛辛苦苦、声嘶力竭上完一堂课，你刚刚走进办公室屁股还没坐到板凳上，告状的孩子就紧跟着来了。你心里极其不耐烦，却又不能打击告状孩子的积极性，只能皱着眉头听完，这可如何是好呢？你最想告诉孩子以后不要来告状，嘴上却对孩子说："好的，谢谢你告诉老师这个情况，老师会处理的。"实际上，不仅老师听孩子告状苦恼，告状的孩子也会面临很多困惑。

孩子为什么爱告状呢？心理学家经过研究发现，4～10岁的孩子正处于前习俗水平，当发现他人的言行举止会遭到惩罚，他们理所当然地认为他人做的是错的，因而一定要检举揭发，让其受到相应的惩罚。10～13岁的孩子处于习俗水平，他们意识到受到惩罚的言行举止未必是错误的，但是既然告状能让他们得到表扬，被证实是好孩子，所以他们还是会对告状乐此不疲。直到13岁之后，孩子们才意识到自己应该对社会上的道德规范和法律法规具有中肯的认识，也意识到他人的行为也许不对，但是情有可原，从而做出相对理智和成熟的决定，不再盲目告状。由此可见，小学生爱告状其实有着心理因素作为基础，因此父母或者老师无须因为孩子告状而苦恼，而要引导孩子采取正确的方法处理问题。否则，孩子一味地告状很容易破坏人际关系，也会使孩子陷入苦恼之中。

在班级里，昊天是著名的告状大王，同学们都不愿意和昊天玩。在课间，有的同学打打闹闹，当事人还没反目成仇呢，昊天就已经把状告到老师那里去了。后来，同学们都躲着昊天，玩耍的时候也不想带着昊天。

一天，昊天的同桌娇娇和另一个女孩依依不知道因为什么事情吵起来了，依依还挠破了娇娇的脸。上课铃响了，她们才分开，不再扭打，然而班主任老师把她们两个喊到办公室，不让她们上音乐课，而让她们去办公室里写检查。娇娇和依依都恶狠狠地瞪着昊天。事后，俩姑娘居然联合起来整昊天，谁让昊天擅自告状让她们错过了最有趣的音乐课呢。

有一次，昊天站起来回答问题，娇娇偷偷地把昊天的座椅往后挪，昊天回答完问题摔了个屁股蹲。娇娇气鼓鼓地说："再告状，让你摔十个屁股蹲。"然而，摔屁股蹲还是小事，最可怕的是昊天在班级里变成了孤家寡人，再也没人与他玩了。昊天苦恼极了。回到家里，昊天把自己的经历告诉妈妈，妈妈认真倾听昊天的苦恼，然后问昊天："昊天，如果你现在犯了不想让老师知道的错误，你希望有人告诉老师吗？"昊天摇摇头。妈妈继续说："娇娇和依依打架是她们两个人的事情，如果她们其中有一方觉得有必要告诉老师，那么她们就会去说的。但是你作为局外人，在她们之中没有任何人向你求助的情况下，最好继续当局外人。否则你这样把事情告诉班主任，等于告了她们两个人的状，她们记恨你也就在情理之中了。"昊天认真想了想，觉得妈妈说得很有道理。妈妈还告诉昊天："就算是你与其他同学发生矛盾，也未必要告诉老师。其实，老师是成人，就像爸爸妈妈一样未必完全能够理解你们小孩子的内心，也无法最好地帮助你们处理矛盾。只要事情没有发展到不可收拾的地步，妈妈建议你还是尽量不要去告别人的状，好吗？"昊天若有所思地点点头。

——案例来自爱普生涯儿童天赋能力成长中心

在小学阶段，孩子是很容易告状的，不管自己是否与事情相关，哪怕是作为局外人，也有一些孩子热衷于告状。在这种情况下，不管是老师还是父母，都不要偏听偏信，而要调查清楚事情的真相，再公平地处理问题。如果告状的孩子就是当事人，还应该引导他们学会换位思考，从而启发他们自己想出解决问题的好办法。

前文说过，很多成人面对孩子告状都会觉得很不耐烦，其实这样做很容易伤害孩子的内心。正确的做法是在认真倾听的基础上引导孩子自主解决问题，而不要对问题放任自流。当孩子渐渐形成良好的性格，有了自己解决问题的能力，他们就会渐渐变得不再愿意告状了。当爱告状的孩子面临人际交往的困惑时，作为父母，要为他们分析原因，从而让他们从本质上认清楚问题。这样才能有的放矢地帮助他们成长，让他们受人欢迎。

"独行侠"的童年不快乐

如今，大多数孩子都是独生子女，还有相当一部分孩子的父母也都是独生子女，由此形成了"4-2-1"的家庭结构，导致孩子从呱呱坠地起就是一棵独苗，被视为整个家庭的命根子。为此，孩子们在没有同龄人的家庭环境中成长，负责带孩子的人又因为担心磕碰，很少让孩子肆无忌惮地玩耍，渐渐地，孩子的性格越来越孤僻，在遇到同龄人时，他们甚至不会再像几十年前的孩子一样与同龄人自来熟，马上就玩到一起去。他们不但不爱说话，沉默寡言，也不敢、不愿意和同龄人玩，平日里自己在家玩耍的时候，也是一个人孤独地躲在房间里玩玩具或者看书。有人说如今的独生子女一代简直太幸福了，我们也要说，如今的独生子女一代也太孤单了。他们把所有的快乐和忧愁都埋藏在心底，从不表现出来。

长期孤独的生活和压抑的情绪，使得孩子们的心理越来越脆弱。他们在成长的过程中集万千宠爱于一身，在长期以自我为中心的思维习惯中，误以为自己就是整个宇宙的中心。为此，一旦走入社会，不得不与他人打交道时，他们马上就会表现得非常敏感，甚至在遇到尖锐的问题时，还会表现出偏激的趋势。每个孩子都正处于成长的重要时期，如果他们不能处理好人际关系，而总是在孤独苦闷中生活，可想而知他们必然会堆积很多心理问题，诸如孤独、寂寞、忧愁、苦闷、自卑、自暴自弃、疑心病重等。不可否认的是，除了很多独生子女面对这样的心理问题之外，很多非独生子女也同样会面临这样的心理问题，导致生活苦闷。前段时间，接连爆发了好几起孩子跳楼事件，让人在痛心疾首的同时，也不由得反思这些孩子是遭受了多么大的心理压力，才会导致内心忧愁苦闷无以排遣，而只能以死来捍卫自己的内心世界呢？假如他们有朋友可以倾诉，也许悲剧就不会发生。

    作为六年级小学生，面对着巨大的生存压力和繁重的学习任务，昊天已经有了与年龄不相符的沉重与孤独。他每天晚上都要十点多才能完成作业，而妈妈则在一旁不停地催促："昊天，快一点儿写好不好？不要磨磨蹭蹭的呀，你真是天生随爸爸，总是这么拖延，不然作业早就写完了。"每当妈妈这么说，昊天就觉得很苦恼，因为他很清楚自己已经加快速度去写了，但是还是不能在妈妈理想的时间内完成作业。有一天，妈妈又因为昊天直到十一点才完成作业，而与昊天吵了起来。

    昊天在日记中写道："妈妈，你根本不知道我每天的作业有多少，我已经很努力地去写了，才能坚持写完，但是我没有办法把速度提得更快，不然写错了，明天去学校还要被老师批评。我知道要好好学习，也不抱怨作业多，我只求你不要催促我，因为我真的已经尽力了。我多么羡慕小妹妹啊，她才三岁，可以无忧无虑地玩耍，如果能让我重新回到三岁，我愿意付出一切代价。我心里很苦恼，却没有人说，和你们说作业多，你们总是说其他同学还要上课外班呢，不也得写作业吗，都是怪我写得慢。我简直哭笑不得，我所有的话只能在日记中倾诉，我也盼望着你们像对小妹妹一样耐心地对待我，那我就太幸福了。"

    ——案例来自爱普生涯儿童天赋能力成长中心

从这篇日记中，我们不难看到昊天郁郁寡欢、孤独苦闷的内心。不得不说，现在的孩子体力、精力以及智力都被严重透支，的确是心力憔悴。在这种情况下，孤独也像是最后一根稻草，沉重地压在孩子们的心上。缺乏同龄人陪伴的他们，哪怕有了委屈诉说出来，也得不到父母的理解和认可，因而他们只能把一切忧伤都埋藏在心里，自己一个人默默承受。

作为父母，应该更多地理解孩子。如果能够回忆起自己当年无忧无虑的童年生活，父母一定会深深理解如今的孩子是多么辛苦和劳累啊！作为父母，更不要把孩子当成成人对待，否则孩子就会更加孤独和苦闷。实际上，孩子感到孤独也是自我意识发展的表现之一，孩子们觉得自己已经成长了，想要得到父母的平等相待，而父母却觉得他们还是小孩子，总是处处管着他们。如此一来，青春期孩子与父母之间必然发生各种矛盾，也会产生很多分歧。如果父母能够多多理解孩子，尊重孩子，打开孩子的心扉，孩子就会有表达内心和宣泄感情的渠道，也就不会那么孤独苦闷了。

不得不说的是，很多父母都误以为只要给孩子提供优厚的物质条件，就尽到了做父母的责任。殊不知，对于孩子而言，仅有物质条件是远远不够的，他们的健康成长更需要健康的内心世界和强大的精神支撑。否则，孩子一旦陷入孤独的泥沼，甚至还会患上严重的心理疾病，诸如抑郁症等，后果将更严重。要想当合格且优秀的父母，首先，一定要端正态度，形成正确的观点，尤其不要打着爱的旗号为孩子凡事包办和代替，否则孩子就无法提升自己的能力，更不会具备坚强的意志力。总有一天，当父母不能再照顾孩子，孩子必然吃尽苦头，到时候再想进步就很难了。其次，父母还要有意识地提升孩子抗挫折的能力。只有孩子真正变得强大，他才能在人生中坦然从容。最后，父母哪怕再调整心态，成为孩子的朋友，也无法取代同龄人在孩子成长过程中的重要作用。每个孩子都需要有同伴，也需要有朋友。当孩子结交朋友时，父母一定不要过分干涉，而要尊重孩子，尊重孩子的朋友。此外，对孩子的成长也要把握好度，讲究方式方法，否则很容易引起孩子的逆反心理，使孩子更加叛逆，也使事情的结果完全背离初衷。

不要让批评成为孩子情绪的导火索

每个父母都要兼顾家庭，做好本职工作，在职场上奋力打拼，只为了给孩子更好的生活。然而，当在外面辛辛苦苦工作一天回到家里之后，看到孩子的衣服扔得满地，玩具堆放得乱七八糟，父母往往很难控制住自己的情绪，因而忍不住要批评孩子。当批评的话一说出口，也就成为孩子情绪爆发的导火索，导致孩子与父母的关系马上变得针锋相对，由此家庭拉开大战，父母与孩子的关系也变得极其恶劣。

孩子为什么不能接受批评呢？父母往往会感到奇怪：我们小时候，不经常被父母批评一通，怒骂一顿，或者是海扁一通吗？为何现在的孩子就说不得、碰不得了呢？没错，现在的孩子心思更细腻，感情更敏感，他们不能接受父母的批评，更不愿意被父母牵着鼻子走。他们有主见，有独立的意识，自尊心很强，更不愿意被父母批评。当父母颐指气使地批评他们，且丝毫不讲究方式方法时，他们往往非常恼火，明明觉得是自己的错，原本准备认错的，却因为父母的批评一下子导致情绪一百八十度大转弯，立刻就和父母对着干起来。毋庸置疑，父母与子女斗气斗狠，最终的结果只能是两败俱伤。

　　学会批评孩子，是父母的必修课，也是改变孩子不肯接受批评的唯一方法。父母一定要端正态度，意识到每个孩子都是会犯错的人，而不是无所不能、完美无瑕的天使。当父母接受孩子的不完美，才能做到心平气和地对待孩子，从而以恰到好处的方式给孩子提出合理的意见或者建议，也让亲子关系更缓和。

　　九点半，昊天才写完作业，疲倦的他推开爷爷的房门，坐在爷爷床头的沙发上，想看会儿电视休息休息脑子。昊天才看了十分钟，爷爷就一句话不说把电视关掉了，昊天很生气，依然默默地坐在沙发上，没有起身离开。爷爷看到昊天没动静，就马上质问："怎么着，还想坐在这里看一个小时吗？"爷爷的话一下子引爆了昊天的情绪，昊天怒气冲冲地说："怎么了？我就看一会儿怎么了？我说看一个小时了吗？不就电视在你这屋吗？不让我看，你就直说，谁稀罕你的破电视。"

　　妈妈听到昊天怒气冲冲的声音，赶紧走过来查看情况。听到昊天说完事情的原委，妈妈当即对爷爷说："爸，他刚刚写完作业，想看一会儿你就给他看呗。不是早就告诉过你，以后你不要管他，我会管的。"说完，妈妈又转向昊天："爷爷说你两句你就听着，怎么那么大情绪呢？"昊天眼泪簌簌而下："爷爷说话，让我觉得很不舒服。"妈妈当即认可昊天的感受："是的，爷爷说话总是带着命令的语气，的确使人不舒服，不过他这一辈子都这样，也改不掉了，你能不能包容他一下呢？况且，爷爷说的是对的，你已经看了十几分钟了，洗漱之后就十点了，如果继续拖延，岂不是睡得太晚，明天早晨上学起不了床了。"昊天若有所思，妈妈继续说："爷爷是为你好，你要是记住这一点，就不会抵触爷爷了，知道吗？"昊天点点头。妈妈说:"如果你放平心态,是不是觉得爷爷也说得挺有道理呢?妈妈更希望你能主动去洗漱,而不要等着别人催促,好吗?"昊天答应了妈妈。

——案例来自爱普生涯儿童天赋能力成长中心

在这个事例中,爷爷的话之所以成为昊天发脾气的导火索,就是因为爷爷说话带着质问的语气。而妈妈呢,在批评昊天之前,首先认可了昊天的感受,承认爷爷的话的确给人不舒服的感觉。当情绪被理解和接受,昊天的负面情绪就渐渐消散,也归于平静。紧接着,妈妈又理智地为昊天分析爷爷的提醒是否正确,而且告诉昊天如果不想被催促,应该怎么做,这就相当于给昊天提出了解决问题的办法,当然更容易被昊天接受了。

很多父母在批评孩子时都会犯错,即总觉得孩子是自己生的,所以他们理所应当对孩子颐指气使。殊不知,孩子虽然因着父母来到这个世界上,但并不是父母的附属品,而是一个独立的生命个体。任何时候,父母都应该尊重孩子,才能缓解孩子的情绪,也让批评的话变得更顺耳,使孩子乐于接受。此外还要注意的是,父母批评孩子一定要就事论事,而不要一生气就把孩子的陈年旧账都翻出来。否则一旦使得孩子破罐子破摔,批评就再也无法起到预期的效果,反而会导致孩子更加叛逆,对父母说的任何话都不放在心上。

第七章

任何怪异行为的背后，必然有深层次的心理原因

在孩子成长的过程中，每一个细心的父母总是会发现孩子有很多异常的地方，很多父母因此而心慌意乱，甚至手足无措，实际上孩子在成长过程中遇到各种问题是完全正常的，在孩子异常行为的背后，都有更深层次的心理原因。只要父母通过孩子的异常行为，了解孩子深层次的心理原因，就能有的放矢地帮助孩子，也能更好地陪伴和保护孩子成长。

孩子为何依恋毛绒玩具狗

很多父母都会发现，孩子往往喜欢一些普通的毛绒玩具，尤其是女孩，这种情况更为明显。其实，在父母的眼中，孩子所喜欢甚至是依恋的东西，只是非常普通和寻常的。然而，在孩子心目中，这些东西都有着非同一般的意义，他们还会把自己的精神和情感寄托在这些东西上。毋庸置疑，孩子虽然小，也是有精神需求和情感需求的，当从父母或者身边其他人身上得不到精神和情感上的满足时，他们就会把这种需要寄托在某种东西上。对于孩子而言，玩具无疑是他们唾手可得的，而且很多毛绒玩具摸起来材质很好，也会带给孩子舒适的体验和更大的心理安慰。

有些女孩从小就依恋某种毛绒玩具，哪怕长大了出去旅行时，也要把毛绒玩具带在身边，从而保证自己安然入睡。细心的朋友会发现，有些婴儿喜欢叼着安抚奶嘴，或者随时随地把手指放到嘴巴里吮吸，这其实也是依恋某种物品的表现。有些幼儿直到两三岁，还需要含着安抚奶嘴才能入睡，实际上是缺乏安全感的表现之一。很多父母看到这里都会觉得困惑：孩子为何不向父母寻求安全感呢？父母不能满足孩子的安全感需求这只是其中一个原因，更大的原因是父母给予的安全感和孩子从毛绒玩具身上得到的安全感是不同的。大多数父母都觉得自己生养了孩子，把孩子看成自己的私有物品甚至是附属品，因而孩子在父母心中往往没有地位。而在毛绒玩具面前，孩子却处于主宰地位，让自己不再有不受重视的感觉，而且也能够完全操控毛绒玩具。这样一来，孩子可以在和毛绒玩具的相处中，得到情感的慰藉，拥有安全感。

通过在毛绒玩具上寄托情感和精神需求，孩子渐渐地摆脱了对父母的依恋，越来越独立。实际上，孩子依恋毛绒玩具非但不是坏事情，反而是其走向独立的开始。这种一种积极的方法，能够帮助孩子从对父母的完全依恋，渐渐地成长和成熟起来，变得独立。从心理学的角度而言，孩子依恋毛绒玩具，也像是精神断乳的过程。

小美已经九岁了，读小学三年级，但是她从小就喜欢海绵宝宝的玩具，直到现在，每天晚上都要抱着海绵宝宝才能入眠。看到小美这么依恋海绵宝宝，妈妈未免有些担心。甚至连出去旅游的时候，小美也会把海绵宝宝带在行李箱里，否则就很难入睡。妈妈感到非常纳闷，也觉得小美的心理状态有些异常。

一次，妈妈觉得小美的海绵宝宝抱了好几年，有些旧了，因而费尽心思为小美重新购买了一个海绵宝宝。不想，小美看到旧的海绵宝宝没有了，大发脾气，跑到楼下的垃圾桶里又把旧的海绵宝宝捡了回来。为此，妈妈决定咨询心理医生，看看小美是否患上了心理疾病。在咨询心理医生后，妈妈才恍然大悟：原来小美正处于精神断乳期，想要通过海绵宝宝给自己带来安全感，也转移对爸爸妈妈的依恋。妈妈认真帮助小美清洗了旧的海绵宝宝，还亲手给海绵宝宝做了新衣服。小美高兴极了，抱着妈妈的脖子感谢妈妈。

——案例来自爱普生涯儿童天赋能力成长中心

当发现孩子对于毛绒玩具的依恋甚至超过自己，很多父母也许会觉得失落。一则他们希望孩子快快长大,二则当看到在孩子心目中毛绒玩具比自己更重要,他们的心里又很不是滋味。实际上,从心理学角度而言,这是孩子正在进行精神断乳,通过依恋毛绒玩具,渐渐减轻对父母的依恋,也让自己不断成长和成熟起来。当然,也有特殊的情况,即有些孩子被父母完全忽视,例如留守儿童或者是单亲家庭的孩子,那么他们就会因为感情上的空虚和极度缺乏安全感,而对毛绒玩具更加依恋。这种情况一定要引起父母的重视,父母也要更多地关注孩子,满足孩子的情感需求,给孩子带来安全感。

此外,并不是每个孩子都会特别依恋毛绒玩具。在成长过程中,很多孩子从不依恋任何毛绒玩具,这是因为他们通过其他渠道建立了安全感,也或者是因为他们得到了父母完全的陪伴。对于依恋毛绒玩具的孩子,随着不断成长,她们的内心会越来越成熟,也会拥有更多的朋友,也一定会独立面对生活。作为父母,要尽职尽职陪伴孩子,然后付出耐心等待孩子渐渐长大,慢慢摆脱对父母的依恋,也摆脱对毛绒玩具的依恋。

把鼻孔都抠破了

孩子为什么喜欢挖鼻孔呢?这是让很多父母都苦恼和困扰的问题。孩子喜欢挖鼻孔到什么程度呢?可以说,每十个孩子之中,就有八九个孩子喜欢挖鼻孔,从这个数字可以看出孩子有多么喜欢挖鼻孔了吧。实际上,并非只有孩子喜欢挖鼻孔,甚至很多成年人都喜欢挖鼻孔,只不过孩子从来不区分场合就挖鼻孔,所以很让父母抓狂。尤其是对于年幼的孩子而言,他们常常因为无聊而挖鼻孔。当他们集中注意力用自己的手指挖鼻孔,由于鼻孔中分布着很多神经末梢,所以他们会感到舒适愉悦。

此外,众所周知,鼻孔是很脏的,里面往往有鼻屎粘在鼻腔中,这使孩子感到很难受。为了清洁鼻孔,孩子也会无意识地挖鼻孔,尤其是当这些鼻屎存在的位置特殊,影响孩子用鼻子进行呼吸时,孩子更会产生挖鼻孔的冲动。不过,孩子显然没有掌握最佳的挖鼻孔的方式,因而他们往往需要很长时间才能清洁完鼻孔,这样就给他人留下一个错误的印象,即孩子总是在挖鼻孔。每当看到这样的情形,父母总会觉得无可奈何,不知道该如何制止孩子的这种行为。当然,尽管孩子有着众多挖鼻孔的理由,但这并不意味着孩子就可以肆无忌惮地随时挖鼻孔。首先,挖鼻孔会导致鼻子干燥,而且强硬地把鼻屎从鼻腔中清除,还会导致鼻前庭反复受伤,孩子也就更加难受,使得挖鼻孔行为变本加厉。其次,有的孩子在挖鼻孔时,还会导致流鼻血。除此之外,鼻腔很娇嫩,而且富含葡萄球菌,当人体抵抗力下降或者皮肤受伤,经常挖鼻孔,还会传播病菌等,引起身体患病。

细心的爸爸妈妈会发现,有的孩子只在夏秋交替的季节挖鼻孔。在这种情况下,就要考虑是不是过敏性鼻炎。当孩子患有过敏性鼻炎,会因为初秋时节空气干燥,而导致挖鼻孔的行为更加严重。父母可以增加家里的空气湿度,或者用浸润生理盐水的棉签滋润孩子鼻腔,这都能够有效避免鼻腔中血管破裂流鼻血。此外,饮食方面也应该以清淡滋润为主,不要吃辛辣刺激等油炸食物。总而言之,孩子挖鼻孔的行为是由很多原因引起的,父母既要重视,也不要大惊小怪,更不要不停地禁止孩子挖鼻孔,否则就会不知不觉中强化孩子挖鼻孔的行为,导致事与愿违。

小蕊四岁了，特别喜欢挖鼻孔。小蕊是个漂亮的姑娘，妈妈总是担心小蕊把鼻孔抠大了，长大之后有个大鼻孔就会很难看，而且，挖鼻孔对于一个女孩子而言，也太不雅了，因而一看到小蕊抠鼻孔，妈妈就会马上制止："小蕊，不要抠啦，把鼻孔抠大就变成丑八怪啦！"不想，妈妈越是强调不让小蕊抠鼻孔，小蕊就越是变本加厉，总是不停地抠鼻孔。妈妈简直要崩溃，又忍不住要禁止小蕊，就这样，她们娘俩陷入恶性循环之中，妈妈忍不住要说，女儿忍不住要抠。

　　为了解决小蕊抠鼻孔的问题，妈妈决定带小蕊去医院的耳鼻喉科问诊。耳鼻喉科的医生帮助小蕊进行了仔细检查之后，说："孩子的鼻腔有些充血，是什么时候出现抠鼻孔现象的？"妈妈仔细回忆，说："大概一个月前。"医生说："如今正值夏秋交替，空气比较干燥，也许孩子有过敏性鼻炎，也会导致抠鼻孔的行为。你可以用棉签浸湿生理盐水，给她湿润鼻孔，也可以增加室内的湿度，然后再观察下。如果她抠鼻孔的行为好转，那么就继续。如果没有好转，你就不要强调孩子抠鼻孔的行为，渐渐地她也会忘记的。"妈妈回家之后当即按照医生说的去做，果不其然，小蕊抠鼻孔的行为好转了。与此同时，妈妈也管住自己的嘴巴，不让自己再动辄禁止小蕊抠鼻孔，一段时间之后，小蕊终于彻底忘记抠鼻孔这件事情了。

　　　　　　　　　　——案例来自爱普生涯儿童天赋能力成长中心

　　上述事例中，小蕊应该是患有过敏性鼻炎，所以才喜欢抠鼻孔。而妈妈不停地禁止，反而强化了她抠鼻孔的行为，因而导致她抠鼻孔的行为越来越频繁。当孩子在夏秋之交出现抠鼻孔的行为或者抠鼻孔的行为明显变得严重时，父母要注意增加房间的空气湿度，或者用棉签浸湿生理盐水给孩子湿润鼻孔，以保持孩子的鼻腔湿润，这样孩子就不会总是抠鼻孔了。平日里，孩子抠鼻孔，父母也不要总是禁止孩子，尤其对于年幼的孩子而言，禁止非但不起任何作用，反而会强化孩子抠鼻孔的行为。所以当孩子抠鼻孔时，不管父母多么反感，都不要批评孩子。此外，很多孩子是因为无聊才抠鼻孔，那么父母可以偷偷转移孩子的注意力，例如让孩子玩玩具、做游戏等，当孩子完全把抠鼻孔这件事情抛之脑后，手中也不停地忙碌着，自然就不会抠鼻孔了。

当然，如果孩子抠鼻孔导致严重的后果，如把鼻子抠得流血了，或者每时每刻都在抠鼻孔，即使转移注意力也无用，那么就要带孩子就医，看看是否是病理方面的原因。作为父母，唯有全方位关注和呵护孩子，才能使孩子健康快乐地成长。

手指不是你的菜

孩子从呱呱坠地，就开始快速成长和发育。尤其是在刚刚出生的一个月时间里，有的新生儿增重三斤，生长快速。按照传统习俗，100天对于新生儿至关重要，这意味着新生儿终于变得强壮了。在几十年前，新生儿百天之内都不能出门，要满100天才能出门见更多的人。而现代社会讲究科学育儿观念，因而满月之后，父母往往就会带着新生儿出来晒太阳。细心的父母会发现，百天之后，小宝宝变得更加聪明机智，开始学会自娱自乐，例如把整个拳头放入口中咂吧。看着他们费劲地啃着整个拳头，父母未免觉得好笑：你的嘴巴有那么大吗？居然这么贪心，要吃整个拳头。实际上，这并非是因为小宝宝贪心，而是因为他们的手部动作发育不够灵活，还不能把单独的一根手指送到嘴巴里吮吸。等到几个月之后，小宝宝的手部动作越来越灵活，他们就会选择吮吸一根手指。看着宝宝每天乐此不疲地吮吸手指，父母更觉得好玩了：手指不是你的菜，你怎么这么津津有味呢？没错，手指就是宝宝的菜，而且是一道无比美味的菜。

所有的宝宝都喜欢吃手，这是因为新生儿从呱呱坠地到一岁之前，都处于"口欲期"。顾名思义，所谓口欲期，就是宝宝主要通过嘴巴来认识这个世界。例如新生儿刚刚出生，就通过嘴巴认识妈妈的乳头；等到渐渐长大，他们通过嘴巴来认识自己的手和手指。细心的父母会发现，当宝宝开始学会玩玩具，他们会把能抓到的一切玩具都送到嘴里。这是宝宝的本能。对于还不会坐也不会爬的宝宝而言，手自然就成了入口的首选。让人啼笑皆非的是，等到会坐了，有的婴儿还会抱着脚趾头啃，似乎脚趾头是他们最美味的食物一样。

吃母乳的宝宝在吮吸母乳时可以与妈妈亲密接触，满足自身的情感需求，而有些妈妈奶水不足或者选择奶粉喂养，宝宝就缺乏与妈妈亲密接触的机会，因而情感上的需求得不到满足。在这种情况下，他们只能通过吮吸手指来弥补情感上的遗憾，当然，这一切都是他们在本能的驱使下完成的。正因为如此，所以如今各大妇产医院都大力提倡母乳喂养，一则对于婴儿的身心发展有好处，二则也有利于产妇的产后恢复。

思思才十个月，但是每天都在乐此不疲地吃手指。虽然有的时候看到思思吃手指，妈妈会强行把她的手指拿开，但是思思却马上号啕大哭，并继续把手指放到嘴巴里吮吸。妈妈有些担心，因为思思正值长牙的时候，如果一味地吃手指，会不会导致牙齿长歪了呢？在带着思思去体检时，妈妈特意把思思吃手指的情况告诉医生。医生问："孩子吃母乳吗？"妈妈摇摇头，说："从刚出生就吃奶粉。"医生又问："谁带她呢？"妈妈回答："奶奶带她，我要上班，没有时间陪她。"医生说："吃奶粉的孩子往往都喜欢吃手指，这是因为他们与妈妈交流不足。吃母乳的孩子在吸吮母乳时会与妈妈亲密接触，但是吃奶粉的孩子就抱着奶瓶，吃完之后情感上会觉得不满足，所以孩子会吮吸手指，来安抚自己的内心。建议平时喂奶之后，你最好和孩子亲昵一段时间，多逗逗孩子，这样一则满足了孩子的情感需求，二则也可以转移孩子的注意力，她就不会这么热衷于吃手指了。"

医生的话让妈妈陷入沉思。的确，孩子并非是吃饱喝足就可以的。看着思思有些泛白的大拇指，妈妈决定请假一段时间陪伴思思。果然，三个月过去，思思吮吸大拇指的情况大大好转。原来，奶奶每次给思思吃奶粉之后，只要思思不哭不闹，奶奶就让思思自己躺着玩。日久天长，思思当然也就养成了吮吸大拇指的习惯。如今妈妈喂养思思，虽然依然吃奶粉，但是吃完奶粉之后，妈妈会把思思抱在怀里，逗着思思玩，玩累了思思就睡觉了，也就没有时间吃手指了。

——案例来自爱普生涯儿童天赋能力成长中心

几个月的孩子吃手指是正常的，等到孩子月龄大了，能玩的东西多了，如果继续吮吸手指，父母就要多多关注孩子，满足孩子的情感需求。尤其是有些孩子都两三岁了，依然不停地吮吸手指，甚至把手指都吃坏了，父母更要慎重对待，及时关注孩子的心理问题。总而言之，孩子成长的过程绝不简单。任何情况下，父母都要关注孩子的身心，才能保证孩子健康成长。

需要注意的是，不管是对于小婴儿还是幼儿，当发现孩子喜欢吃手时，父母都不要强行禁止，否则一旦激起孩子的逆反心理和好奇心，孩子吃手的行为就会更严重。面对孩子的异常行为，明智的父母会选择沉默以对，这样父母才能避免对孩子声色俱厉地禁止，也避免孩子因此而紧张焦虑，更加频繁地吃手。孩子的成长需要宽和的环境，不管什么情况下，父母都要给予孩子足够的爱与耐心，为孩子营造快乐的成长氛围。

真是个害羞的小姑娘

父母都希望自己的孩子落落大方，不卑不亢，而现实生活中，有相当一部分孩子都很害羞。父母误以为孩子是因为性格内向，所以才会害羞，并为此简单粗暴地给孩子贴上害羞的标签。殊不知，孩子一旦接受了这些标签，害羞的行为就会更加严重，也会因此而影响自身的发展。对于孩子而言，害羞并不是最可怕的，自认为害羞才是最可怕的。从这个角度而言，父母一定不要轻易给孩子贴标签，更不要认为孩子天生就是害羞的。

当孩子自认为害羞，就会把害羞变成无意识的行为，甚至当作自己逃避外界的借口。日久天长，他们还会感到自卑，处处否定自己。作为父母，你愿意宣判你的孩子一辈子都要害羞地生活吗？你愿意让孩子因为害羞而变得孤独、寂寞、离群索居、恐惧吗？如果答案是否定的，作为父母就要谨言慎行，更不要轻易给孩子贴标签。实际上，孩子表现出适度的退缩并非坏事。当面对陌生人，他们不想按照别人的标准去做，那么他们可以按照自己的方式去做。例如，一个外向开朗的人会主动与陌生人打招呼，而害羞的孩子也许一开始会退缩，当在确定与陌生人交往没有危险之后，他们才会尝试着与陌生人交流。从心理学的角度而言，这是孩子内心与陌生人相处的节奏，不应该被打乱。当家里来了客人，孩子不想见就可以不见，父母一定不要强迫孩子向客人问好。等到孩子愿意的时候，他会走出自己的房间，来到客厅里和客人打招呼，父母要相信这一点。

父母没有任何理由强迫孩子，虽然孩子是父母生养的，但是孩子却是独立的生命个体。因此父母要真正发自内心地尊重孩子，也要接纳孩子的一切选择和做法。要知道，归根结底，孩子要拥有自己的人际关系，聪明的父母不会夹在孩子的人际交往之中，而是会给孩子自由和空间让他去构建自己的人际关系。当孩子因为害羞而在生活中面对困扰时，父母需要的不是当即告诉孩子该怎么去做，而是应该问孩子"我可以给你怎样的帮助"。对于孩子而言，后者显然是更加重要也卓有成效的。如今，很多父母打着为孩子好的旗号强迫孩子，却并不能使孩子更快乐地成长。

小蕊是个害羞的小姑娘，此前，小蕊并不觉得自己害羞，她只是不想和陌生人打交道而已。有一次，妈妈的同事来家里做客，妈妈让小蕊向客人问好，小蕊躲回自己的房间，妈妈觉得很尴尬，因而大声说："哎呀，小蕊太害羞了，你不要介意啊，她原本还是很懂礼貌的，肯定是看到你害羞了。"这句话被小蕊听到耳朵里，从此之后，她就认定自己是个害羞的小姑娘，也认定自己不应该和陌生人打招呼或者问好。

直到上小学一年级，小蕊还是很害羞。新学期开学第一天，面对老师和同学，小蕊觉得很为难，甚至还装肚子疼想要蒙混过关不去上学。直到去了医院，医生说小蕊没有任何毛病，妈妈才怀疑小蕊肚子疼的动机。为了让小蕊说出真相，妈妈说："小蕊，你可能需要输液呢，要输头孢，还要先做皮试。"小蕊吓得连连摆手："妈妈，我的肚子不疼了，不疼了。"妈妈问："那你刚才为什么肚子疼呢？"小蕊想了想，才说："妈妈，学校里的老师和同学我全都不认识。"妈妈听了觉得好笑又有些无奈："你今天去了学校，你们就认识了啊！"小蕊说："但是，我很害羞。"妈妈说："你已经长大了，不再害羞了，好吗？害羞都是小姑娘才会有的。"小蕊为难地看着妈妈："但是妈妈，他们都不知道我叫什么名字怎么办？我也不知道他们叫什么名字怎么办？"妈妈说："老师会组织自我介绍，每个同学都向其他同学介绍自己，你们就认识了，好吗？"小蕊这才高兴地问："真的吗？"妈妈点点头："当然是真的。"小蕊高高兴兴地上学去了。

——案例来自爱普生涯儿童天赋能力成长中心

在这个事例中，小蕊原本并没有那么害羞，她只是不想向妈妈的同事问好而已。但是妈妈却说小蕊很害羞，由此给小蕊贴上害羞的标签，也导致小蕊的害羞行为越来越严重。后来，小蕊都成为一年级的小学生了，还因为害羞不敢去学校报到。幸好妈妈后来解释了同学们互相自我介绍的方式，才使小蕊心中放下疑虑，也让小蕊乐于面对新同学和新老师。不得不说，害羞给孩子带来的困扰还是挺严重的。

为了帮助孩子减轻害羞的状况，父母除了不要给孩子随便贴害羞的标签之外，还应该尊重孩子，不要在孩子没有准备好的情况下强迫他们进入某种情境。要知道，孩子内心的节奏比成人慢，他们也并不完全了解这个世界，所以父母要尊重孩子的身心特点，给予他们时间去慢慢地调整自己。此外，日常生活中，父母也要给予孩子更多的机会表现自己。例如，可以经常举行家庭会议，让孩子在家庭会议上发表自己的意见和观点，这样能够培养孩子当众说话的勇气。需要注意的是，不要强调孩子一定像在家庭会议上一样当众讲话，而要给孩子选择和决定的权利。当孩子能够以最佳的方式面对这个世界，他们就会更从容，而不会总是害羞得无言以对。

恐惧，不仅来自黑夜和怪物

恐惧是人的本能，尤其是对于未知事物，哪怕是成人也会产生深深的恐惧。这样一来，父母就能理解孩子为何总是恐惧了吧？因为整个世界对于孩子而言都是未知的，需要他们慢慢去认知和熟悉。所以面对孩子的恐惧，父母绝对不应该抓狂，最重要的是要引导孩子去认知世界，从而慢慢消除孩子内心的恐惧。

有些孩子特别怕黑，每当夜晚来临，他们就会担心有怪物出没。面对这样的情况，很多父母都会直接告诉孩子"世界上没有怪物"，殊不知，这么简单粗暴的回答并不能使孩子得到安全感，反而，他们会怀疑父母对他们说的话是否是真实可信的。有些孩子害怕怪物出没，是因为怕黑，有些孩子则是因为看多了童话故事，分不清楚想象和现实，因而以为想象中的怪物也会出现在现实中。实际上，面对孩子因为黑夜和怪物产生的恐惧，父母最好的应对方式是问清楚孩子怪物的形状，从而告诉孩子那个形象是童话作家想象出来的，并且向孩子解释清楚想象和现实的关系，这样孩子就不会害怕黑夜和怪物了。

然而，除了黑夜和怪物之外，孩子还会因为很多事情产生恐惧。正如曾经有人说过，孩子受了伤害也许很快就能愈合，但是他们的勇气一旦受到挫折，就会导致终生缺乏勇气。除了具体的伤害，面对艰巨的任务，孩子也会产生畏难心理，心生恐惧。实际上，这样的恐惧很好消除，只要父母向孩子演示如何把看似不可能完成的任务分解，然后完成，孩子就会有操控感，自然就不会感到恐惧了。总而言之，大多数恐惧都来源于未知，帮助孩子战胜恐惧的最好方式，就是让孩子了解事情的真相，亲自完成艰巨的任务，这样孩子就能够勇敢面对了。

小美虽然已经九岁了，但是她依然很怕黑。为了帮助小美缓解对黑暗的恐惧，爸爸或妈妈总是陪伴着她，直到她睡着才离开。然而，这使小美的依赖心理更强，由此小美的恐惧非但没有丝毫减弱，反而更加变本加厉了。

妈妈觉得很奇怪，因为小美已经九岁了，怎么还这么怕黑呢？一个偶然的机会，妈妈得以咨询一位心理学专家。听说爸爸妈妈应对小美怕黑的策略就是陪着小美睡觉，直到小美睡着才离开，这个心理学家说："哎呀，你们采取了最错误的方法。难道你们能陪伴孩子一辈子吗？孩子怕黑，可以给她点亮小夜灯，但是一定要让她独自面对恐惧，否则孩子就会更加怕黑。记住，不要代替孩子解决问题，只能给孩子安慰或者建议，甚至是帮助。"心理学家的话让妈妈茅塞顿开，她决定鼓励小美独自入睡，因为的确有很多四五岁的孩子分了房间，也可以独自入睡的。妈妈给小美购置了小夜灯，而且为了安抚小美，妈妈答应小美不关上房间的门，这让小美觉得自己还是与爸爸妈妈睡在同一个大房间里。后来，小美习惯了一个人入睡，就主动关上房间的门，而且再也不怕黑了。

——案例来自爱普生涯儿童天赋能力成长中心

面对孩子的恐惧，父母一定不要否定孩子的心理感受，而要认真倾听并且认可孩子的感受。如果孩子的恐惧是有原因的，那么父母可以有的放矢地予以解决；如果孩子的恐惧是没有任何原因的，那么父母只要反复安慰和帮助孩子，直到他们的恐惧消失即可。记住，不要嘲笑孩子的恐惧，因为即使是成人也会遇到让自己恐惧的事情。

很多父母为了锻炼孩子的胆量，会强迫孩子去做让他害怕的事情，例如让孩子游泳，或者让孩子坐过山车。实际上，这非但对于增强孩子的胆量无益，反而会让孩子终生都被恐惧缠绕，无法摆脱恐惧感和那种深入骨髓的无力感。失去操控感对于人生而言意味着什么，相信每一位父母都心知肚明，所以一定不要让孩子那么做。此外，父母还应该让孩子清楚一点，那就是人生不能因为恐惧就裹足不前，一个人更不可能因为恐惧而不做任何事情。感到恐惧，孩子也依然可以做很多事情，只要勇敢面对，就能战胜恐惧。理解了这一点，孩子就会变得更加勇敢无畏，在人生的路上奋勇向前。

家有"人来疯"

和害羞的孩子一看到陌生人就躲藏起来避而不见完全不同,"人来疯"的孩子越是看到家里来客人了,或者越是在陌生人面前以及人多的场合,越是表现得特别活跃,非常淘气。不得不说,"人来疯"这个称号真的是非常准确贴切的,因为孩子就是看到有人来了,才会变得更疯狂。通常情况下,3~6岁的孩子容易出现"人来疯"行为,他们看到客人或者陌生人,或者在人多的场合,就会尤其兴奋,甚至无法控制自己的言行举止,出现胡闹的现象。孩子为何会变成"人来疯"呢?很多深受孩子"人来疯"困扰的父母都想知道这个问题的答案。

三岁之后,孩子的自我意识越来越强,他们从忽略自己,到希望自己能够吸引所有人的注意。因而在人多的时候,为了吸引他人的注意,孩子就会情不自禁地想要表现自己,甚至不惜胡闹。小小年纪的他们不知道的是,这种行为会给他人带来困扰,甚至惹人烦恼。他们只想着能吸引别人的注意力,这是他们唯一的目的。此外,又因为孩子的自控能力比较差,一旦兴奋起来,他们往往不懂得控制自己。这就像是一个人在疯狂飙车,开得飞快,却不知道如何踩刹车,可想而知结果将会多么糟糕。

很多父母都不理解孩子为何会"人来疯",因而在孩子因为兴奋而"刹不住车"地瞎胡闹时,往往会愤怒地责怪孩子。孩子受到批评,不仅无法安静下来,甚至变本加厉,最终导致客人也很难堪和尴尬。实际上,当孩子正处于兴奋的巅峰，父母是没法当着客人的面批评孩子的。此时最好先以缓和的方式约束孩子，等到客人走后，再针对孩子的表现进行反馈。有些孩子自尊心比较强，父母也可以暗示孩子要有所收敛。当然，如果孩子只是因为交往需求没有得到满足，因而想在客人面前表现自己，那么父母也可以引导孩子进行才艺表演，这样就把孩子的瞎胡闹转化为了娱乐活动，也不至于那么尴尬。当然，任何事情都不要等到发生了再想办法补救，最好的办法是平日里对孩子进行礼仪教育，让孩子懂礼貌，有规矩，这样才能在客人来时表现得落落大方，不卑不亢。

大兵四岁了，是个典型的"人来疯"。每次家里来客人，妈妈都很担心，不知道怎么才能让大兵有好的表现。有一次，爸爸单位的领导要来家里做客，妈妈提前就给大兵打预防针，让大兵见到客人不要"人来疯"，去房间里玩，这样爸爸也好和领导谈谈工作的事情。然而，大兵虽然答应得好好的，可等到领导真来到家里，他却总是在客厅里晃来晃去，还试着和领导套近乎聊天。

爸爸暗示大兵："大兵，你昨天买的变形金刚玩具呢？快去玩玩具吧！"大兵却说："我不，我要在这里陪着伯伯聊天。"说着，大兵挨挨挤挤和爸爸的领导坐在一起。无奈之下，爸爸只好对大兵说："大兵，你在幼儿园刚刚学会的舞蹈呢，你这么喜欢伯伯，不如跳给伯伯看看吧，好吗？"就这样，大兵兴致勃勃地开始了表演。妈妈做好午饭，让爸爸陪着领导喝酒吃饭，然后妈妈哄着大兵："大兵，你跟妈妈去买冰淇淋吧，你前几天不就要吃冰淇淋的吗？"大兵听说有冰淇淋吃，蹦蹦跳跳地和妈妈走了，爸爸终于有时间和领导好好交谈了。

——案例来自爱普生涯儿童天赋能力成长中心

上述事例中，大兵才四岁，还不懂事，也难怪听不懂爸爸的暗示。无奈，妈妈只好以大兵最喜欢吃的冰淇淋吸引大兵，这才把大兵带出家门。大兵很有可能是因为平日里见人少，所以看到家里来客人非常兴奋。为了帮助孩子习惯于人多的场合，父母平日里还可以经常带孩子出门玩耍，或者去他人家里做客等。孩子的见识并非天生就有，唯有抓住各种机会让孩子接触不同的环境，让孩子的视野更加开阔，孩子才不会一见到客人就过度兴奋，以致不能控制自己。此外，父母还要有意识地培养孩子的自律力，让孩子变得有礼貌而得体。

此外，父母的一味宠溺也会导致孩子平日生活中骄纵任性，没有规矩，那么当家里来客人时，孩子仗着有客人在，父母不敢严厉惩罚自己，所以变本加厉。总而言之，好习惯不是一朝一夕养成的，要想让孩子更加懂礼貌守礼仪，父母就要在平日的教养中多下工夫，而不要希望孩子在一瞬间就能长大成人，变得懂礼貌。

让妈妈抓狂的"破坏大王"

很多孩子都是破坏大王，对于家里的东西或者自己的玩具，他们总是轻而易举就破坏掉，丝毫不懂得心疼，反而把破坏东西当作一种乐趣。面对这样的孩子，父母未免抓狂，毕竟没有父母愿意家里变成拆卸厂和垃圾场。那么，孩子为何这么喜欢当"破坏大王"？又为何这么热衷于破坏呢？

从心理学的角度而言，孩子搞破坏是有原因的，并非是瞎胡闹，更不是与父母作对。父母一定要了解孩子进行破坏行为背后的深层次原因，才能给予孩子更好的引导，也才能帮助孩子健康快乐地成长。首先，父母要知道，孩子的破坏行为分为两种，一种是无意识破坏，一种是有意识破坏。通常情况下，不到两岁的孩子都是无意识破坏。例如一岁多的孩子很喜欢把玩具摔在地上，实际上他们是想通过玩具的声音来认识玩具，这是因为孩子在度过一岁前的口欲期之后，更倾向于通过声音来认识某种事物。此外，也或许孩子是因为无法控制自己的行为，所以才无意间摔坏玩具。面对不到两岁孩子的破坏行为，父母一定要理解，不要因为孩子摔坏了东西就责怪他。其次，孩子处于2~3岁之间时，还会出现反抗期，尤其是生性好动的男孩，更容易出现攻击和破坏行为。因此当发现两三岁的男宝宝摔坏玩具时，父母要理解这是孩子反抗期的特殊表现，不要一味地责怪孩子。最后，孩子很有可能是为了吸引父母的关注，所以故意做出顽皮的举动。孩子是非常聪明的，当他们发现自己安静地玩耍无法得到父母的陪伴，而调皮捣蛋却能得到父母的关注时，他们就会故意"搞破坏"，从而吸引父母的注意力。因而当发现孩子很顽皮，总是破坏各种东西时，父母也要反思自己是否没有给予孩子足够的关注，所以才导致孩子采取这种方式求关注呢？

阳阳五岁了，简直就是家里的破坏大王。这不，爸爸刚刚买回来一个闹钟，阳阳就把闹钟拆坏了。最重要的是，阳阳拆坏闹钟之后，根本装不起来，这已经是阳阳拆坏的第五个闹钟了。趁着周末，看到阳阳又拿起闹钟跃跃欲试，爸爸决定和阳阳一起当破坏大王，一起拆闹钟。

显而易见，阳阳拆闹钟动作熟练，不需要爸爸帮忙。不过，他显然观察得还不够仔细。爸爸引导阳阳："阳阳,看看吧,闹钟的壳拆开之后是这样的。你要认真观察,一会儿才能把闹钟复原啊。"等到拆掉核心部位时,爸爸还告诉阳阳闹钟工作的原理,阳阳此前从未注意到这些方面,因而饶有兴致。后来,在爸爸的引导和帮助下,阳阳又动手把闹钟安装好了,这让阳阳觉得非常兴奋。后来,阳阳又把此前拆坏的闹钟找出来,尝试着安装。看得出来,破坏—重建的过程,给阳阳带来了莫大的成就感。

——案例来自爱普生涯儿童天赋能力成长中心

从本质上而言,孩子搞破坏的过程实际上就是认知事物并且坚持学习的过程。如果父母不想扼杀孩子的探索精神,那么就要给孩子创造破坏的环境。在破坏的过程中,孩子的手眼协调能力得到快速发展,而且思维也越来越敏捷。假如父母能够和孩子一起"搞破坏",在过程中多多引导孩子,那么孩子的进步会更加迅速。

此外,面对爱破坏的孩子,父母最好给他们准备一切方便拆卸的玩具,从而激发孩子的创造力。在不断拆卸和组装玩具的过程中,孩子的思维能力和动手能力都得到了发展,岂不是一举数得吗?在给孩子准备"搞破坏"的玩具时,对于幼儿,可以选择较大的积木;对于稍大些的孩子,则可以购买乐高等小颗粒积木。

当孩子处于喜欢探索和乐于拆卸的年纪,父母还要做好孩子的保护工作,把家里的那些危险物品都收好,放到孩子不容易找到的地方,这样一来,孩子就可以安全无忧地玩耍了。对于家里那些无法收纳起来的危险品,诸如电源插座、燃气等,也要及时告诉孩子安全的界限和范围,从而让孩子意识到危险并远离危险。事实上,爱动手的孩子往往都非常聪明,因此,为了培养宝宝的思维能力和动手能力,父母一定要支持孩子拆拆拆哦!

孩子为何迷恋生殖器

　　细心的父母会发现，在某一段时间，孩子会突然喜欢自己的生殖器，例如有的男孩会把小鸡鸡当成玩具把玩，有的女孩也会用手触摸私处。有的孩子还会故意摩擦自己的生殖器。孩子为何会有这样的表现呢？大多数父母在看到孩子类似的行为举止时，都会感到难以接受，甚至还会生气地批评甚至打骂孩子。孩子却懵懂无知，不知道自己到底哪里做错了。看着孩子无辜的样子，父母难免怀疑自己是否误解甚至是冤枉了孩子。

　　很多人都误以为孩子到了青春期才会产生性欲。实际上这是完全错误的。孩子很小的时候就会有性欲，所以很小的幼儿就会玩弄生殖器。不过，孩子的这种行为完全是出于本能，他们甚至根本不会意识到自己是在迷恋生殖器。当意识到抚摸生殖器能让他们觉得舒服，他们就会无意识地反复去做。从生理的角度而言，孩子对性产生需求是正常的，孩子往往从一岁前后抚摸生殖器，他们性意识的发展在三到六岁期间会达到高峰。面对孩子的性发育，父母一定要谨慎，而不要粗暴对待，以免给孩子的成长带来心理阴影。从另一个角度来讲，孩子对于自己的身体也是完全陌生的，他们同样需要探索身体的奥秘，以更加了解自己的身体。说到这里，一定会有很多父母感到忧虑：孩子迷恋生殖器的这种行为什么时候才会结束呢？其实，对于孩子而言，当他们逐渐成长，他们的生活中也会有更多有趣的事情，因而他们就会渐渐忘记生殖器，而享受充实快乐的人生。这样一来，他们也就不再迷恋生殖器，而有了正常的玩乐了。

大兵五岁了，正式有了自己的房间，开始独自入睡。妈妈很高兴，因为大兵终于独立了，然而，有一天入睡前，妈妈去看大兵是否睡着时，却发现大兵正坐在床上，抚摸自己的小鸡鸡。妈妈看到之后马上怒气冲天，怒斥大兵："大兵，你几岁了，这么大的人了还玩小鸡鸡，丢人吗？"大兵不知所措地看着妈妈，不知道妈妈为何说他丢人。

后来，妈妈把这件事情告诉爸爸，爸爸说："小孩子就是这样啊，你可不要训斥他，过段时间就好了。"妈妈担忧地问："如果我已经训斥完了呢？"爸爸说："原本他是无意识的，根本不知道这个行为有什么不好，但是你训斥之后，他就会莫名其妙，反而强化了这件事情。等他长大些，生活中有了更多精彩，他自然就会把这件事情抛之脑后啦。"

——案例来自爱普生涯儿童天赋能力成长中心

事例中，爸爸说得很清楚，很多孩子玩弄生殖器，实际上是无意识的。而父母一旦反应过激，就会导致孩子心中反而强化这个思想，也有的孩子会因为逆反心理和强烈的好奇心，更加想要尝试父母禁止他们去做的事情。这样一来，孩子自然无法顺其自然发展，甚至心理上还会有创伤。此外，作为父母，一定要重视孩子的生理健康。有些孩子因为不注重个人卫生，导致患上尿道炎或者外阴炎，也会因为瘙痒而抓挠外阴。一旦养成坏习惯，就很难改变，也会影响孩子的形象。

很多孩子之所以玩弄生殖器，是因为精力过剩，那么父母就要安排好孩子的生活，让孩子每天都充实度过。父母可以培养孩子的兴趣爱好，例如让孩子练习跆拳道或者武术，或者让孩子练习街舞等，都可以让孩子发泄多余精力，也不至于因为精力过剩而迷恋生殖器了。此外，在带养孩子的过程中，还要注意保护好孩子的生殖器，不要让别人随便触摸。总而言之，孩子在成长的过程中总是会遇到各种各样的问题，尤其是遇到关于性的敏感问题时，父母更要全方位关注孩子，给予孩子更好的理解和体谅，才能帮助孩子健康快乐地成长。

孩子为何突然咬人

小婴儿在四到六个月之间，会长出人生中的第一颗牙齿。因为出牙期牙龈肿痛，所以小婴儿会觉得牙床很不舒服，因而在吃奶的时候会咬妈妈的乳头，也会啃其他东西来磨牙。等到出牙期的不适缓解之后，小婴儿咬人的行为就会大大好转。然而，随着不断成长，到三岁前后，孩子还会咬人，这又是为什么呢？当父母猝不及防被孩子咬了，一定会因为受到惊吓而觉得很恼火。的确，孩子咬人是一种很不好的行为，但是孩子咬人并非是为了使他人感到疼痛或者攻击他人。从心理学的角度而言，很多孩子咬人，也许是为了社交的需要。当孩子缺乏社交的技能，无法顺利与其他孩子交往时，他们就会感到沮丧，又因为不知道如何表达自己，所以他们情急之下只能咬人。在这种情况下，父母应该教会孩子如何与他人相处，尤其是在面对陌生的小朋友时，如何向对方示好。这样，孩子就不会以咬人的方式表达对其他小朋友的好感，更不会给其他小朋友带来伤害。当然，这是针对两三岁的孩子更容易出现的情况。对于一岁多的孩子而言，咬某种东西,其中也包括人,也许是探索世界的方式。这是因为孩子从出生到一岁前后正处于口欲期,所以他们总是本能地通过嘴巴来"尝一尝"他人。

孩子最亲近的人就是父母,因而他们经常会咬父母,并且乐此不疲。他们把咬人当作一种好玩的游戏。面对这种情况,父母最重要的就是找到合适的处理方式,而不要让孩子留下心理阴影。例如,很多父母会严厉批评孩子,或者指责孩子是坏小孩,那么孩子就会因此而否定自己。不得不说,父母虽然惩罚了孩子的不当行为,却是以伤害孩子为代价的,得不偿失。

一天晚上,三岁的丝丝刚刚和妈妈一起洗完澡,奶奶拿着浴巾来抱丝丝,才离开浴室,奶奶突然叫了一声。妈妈不知所以,吓得赶紧问情况,奶奶说:"丝丝咬了我一口,吓了我一跳。"妈妈洗完澡,问丝丝:"丝丝,你为什么咬奶奶呢?"丝丝瞪着大眼睛,懵懂无知地看着妈妈,说:"妈妈……"妈妈继续说:"你咬奶奶,奶奶不疼吗?"说完,妈妈拿起丝丝的手轻轻地咬了一下,丝丝哭起来。妈妈说:"丝丝,你咬奶奶,奶奶是很疼的。以后不能咬奶奶了,知道吗?"丝丝哽咽着点点头。

没过几天,丝丝趴在妈妈的后背上玩耍,突然又咬了妈妈一口。妈妈突然被咬,惊叫起来,丝丝反而被妈妈吓哭了。妈妈啼笑皆非:"你这个坏家伙,你咬了我,反而自己哭了,是不是不讲道理啊!"妈妈很困惑,丝丝除了吃母乳的时候出牙期咬过妈妈的乳头,此后从未咬过人啊,现在是怎么了呢?

——案例来自爱普生涯儿童天赋能力成长中心

在这个事例中，妈妈的做法是为了让丝丝感受到被咬的人很疼，然而心理学家告诉我们，不要因为孩子咬人，就去咬孩子。咬孩子就是伤害孩子，而伤害孩子并不能使孩子停止咬人。在发现孩子有咬人行为后，当孩子与其他小朋友相处发生矛盾或者纠纷时，要密切观察孩子，及时介入，以免孩子咬伤其他孩子。当然，父母不可能每一秒都盯着孩子，如果孩子咬了其他孩子，就要及时安慰咬人的孩子，之后再和咬人的孩子一起安慰被咬的孩子。这样一来，两个孩子都能恢复平静的情绪，父母也能以理智冷静的处理方法寻求最好的解决方案，而不至于闹得鸡飞狗跳。

在安抚好孩子之后，作为咬人孩子的父母，还要第一时间向被咬孩子的父母道歉。注意，道歉一定要真诚，而不要流于形式。如果对方要求你必须惩罚自己的孩子，你也要坚定立场，不能为了达到对方的满意就随便惩罚自己的孩子，否则孩子咬人的行为非但不能好转，反而会变本加厉。总而言之，孩子咬人是暂时的行为，只要处理得当，很快就能消失。而一旦处理不当，就会给孩子的心理带来阴影。

说谎的孩子真的品质恶劣吗

很多细心的父母都会发现，随着孩子越长越大，曾经天真无暇的小天使不见了，取而代之的是一个会撒谎的小家伙。实际上这样的表述本身就是有问题的，难道孩子撒谎就不纯真了吗？就不能被称为小天使了吗？实际上，孩子即使撒谎，也不意味着他们品质恶劣，更不能说孩子就不是天使了。对于孩子撒谎，父母一定要端正态度，才能给予孩子正确的引导和恰到好处的对待。否则，如果父母给孩子贴上撒谎的标签，并且觉得孩子因此就品质恶劣，那么父母非但无法使孩子撒谎的情况有所好转，反而会逼得孩子变本加厉，最终误入歧途。

对于孩子撒谎，很多父母都反应过激。在家庭教育中，撒谎也是一个很让人苦恼和困惑的问题。面对孩子撒谎，父母往往会产生深深的挫败感，觉得是因为自己的教育方式不恰当，所以才导致孩子撒谎，因而孩子撒谎往往使父母失去自信，否定自我，也让问题变得更加复杂。实际上，孩子撒谎是与他自身的成长密切相关的，并非完全是因为父母。当发现孩子撒谎，父母也要保持理智和冷静，从而才能正确引导孩子，给予孩子切实有效的帮助和引导。父母一定要学会倾听，也要了解孩子的心理特点。通常情况下，学龄前的孩子很难分清楚真假对错的相对改变，他们认为自己喜欢和高兴才是首要原则。正是在如此模糊的道德观念下，孩子们才会以唯我独尊的想法想说什么就说什么，而并非故意撒谎。

孩子两岁之后，想象力快速发展，他们也时常分不清楚想象与现实。在这种情况下，如果孩子过于渴望一件事情，也会把想象与现实弄混，从而说出不符合事实真相的话来。因而当听到孩子撒谎，父母一定要了解孩子撒谎的原因，从而避免误解孩子。有些孩子为了吸引父母的注意，也会故意夸大其词。渐渐地，如果他们夸张的表达方式得不到收敛，或者他们通过夸张得到了他人的羡慕和关注，他们就会越来越夸张，最终导致言过其实。这就像是大人吹牛皮一样，同样是为了满足自己的虚荣心。在这些情况下，孩子撒谎的原因都很可爱，此时家长要注意正确引导孩子，让孩子拥有清晰的道德观，这样孩子就会更加健康地成长。

第七章 任何怪异行为的背后,必然有深层次的心理原因

小时候,列宁跟随妈妈去姑妈家里做客。见到姑妈家的兄弟姐妹,列宁觉得很高兴,因而和兄弟姐妹们在一起快乐地玩耍。也许是因为玩得太高兴了,列宁一不小心,碰掉了桌子上的花瓶,姑妈闻声赶来,问是谁把花瓶打碎的。兄弟姐妹都表示否定,列宁也随声附和:"不是我。"姑妈笑着说:"难道花瓶在玩跳水游戏?"兄弟姐妹们都笑起来,列宁却惭愧地低着头,没有笑。站在一旁的妈妈看到列宁的模样,知道是列宁打碎了花瓶,但是没有当面戳穿列宁。回到家里,妈妈给列宁讲各种关于诚实的故事,列宁忍不住大哭起来,向妈妈承认姑妈家的花瓶是自己打碎的。妈妈让列宁写信给姑妈承认错误,列宁当即写信。

没过几天,姑妈就给列宁回信了。在信上,姑妈说:"你勇于承认错误,还是诚实的好孩子。"

上述事例中,列宁之所以撒谎,是因为他想要逃避责任。很多孩子在害怕受到责骂或者惩罚的时候,也会采取撒谎的方式逃避责任,保护自己。因而,如果父母想改善孩子撒谎的情况,就要认真倾听孩子的讲述,而不要动辄就对孩子劈头盖脸一顿骂,否则就相当于逼着孩子撒谎。曾经有心理学家指出,孩子之所以撒谎,实际上代表着孩子的智力发展达到更高的水平。的确,如果孩子不懂得受到惩罚和撒谎之间的关系,又如何能够出于本能地选择撒谎来保护自己呢?根据辩证唯物主义的理论,凡事都有两面性,因而看待孩子撒谎,父母也要端正观念,辩证分析。

曾经有专门研究幼儿心理的专家告诉人们,幼儿时期,孩子撒谎并不会对人生造成负面的影响,反而会让孩子的智力得到发掘,变得更加聪明。要知道,孩子在说谎的时候必须调动自己的所有聪明智慧,才能一边隐藏真相,一边找出合理的解释来掩盖自己的错误,推脱自己的责任。在

此过程中，孩子的思维运转更快，语言表达能力也得到加强。当然，这并不意味着我们要提倡孩子撒谎。作为父母，为了避免孩子养成撒谎的坏习惯，一定要给孩子树立好榜样，千万不要当着孩子的面撒谎，否则孩子就会学习父母，也经常撒谎。此外，凡事都是防患于未然最好。面对孩子的谎言，父母一定要做好预防工作，既不要审问孩子，也不要吹捧孩子，而要竭尽所能理解孩子，从而引导孩子说出真心话。当孩子无须撒谎的时候，他们还有必要撒谎吗？父母的理解和体谅，恰恰能够让孩子坦然说出真心话，而不必担心受到责罚。除此之外，父母还要强化孩子诚实的行为，给孩子树立正向的目标，这样孩子才能做得更好。

总而言之，撒谎是孩子成长过程中出现的正常现象，不管孩子因为什么原因撒谎，父母都不要反应过激，导致孩子撒谎变本加厉。记住，父母一定要理解和体贴孩子，才能给孩子宽松的成长环境，也才能让孩子感受到自己被尊重和平等对待。

第八章

用心观察儿童的异常行为，警惕成长中的危险因素

孩子的成长，绝不是一蹴而就的。在成长的过程中，孩子难免出现各种异常行为，作为父母，就要多多用心，才能帮助孩子避免成长中的危险因素，最大限度为孩子的成长保驾护航。这些危险因素或许是成长达到一定阶段导致的，或许是因为意外导致的，这些随时会出现的干扰因素，在孩子身上总会有各种异常的行为表现。粗心大意的父母也许会忽略，用心仔细的父母则能火眼金睛，给孩子最好的陪伴和引导。

入园两个月，为何突然尿频

每年到了入学季，家里有小宝宝入园的父母，都会觉得漫长而又煎熬。这是因为孩子习惯了家庭生活之后，最初进入幼儿园，总觉得难以适应。毕竟在家里是父母和长辈都围着孩子转，而到了幼儿园，往往是三个老师需要照顾一个班级的孩子，少则十几个，多则二三十个，照顾不周是在所难免的。尤其是对于那些在家里照顾得很周到的孩子，到了幼儿园则觉得更加难以适应。实际上，如果父母在入园前半年，能够多多训练孩子的自理能力，那么孩子适应幼儿园就会更加顺利。

从心理学的角度而言，孩子原本在父母无微不至的爱与陪伴下成长，一下子进入幼儿园，难免会感到内心失落。尤其是离开爸爸妈妈，面对陌生的老师和同学，心理焦虑在所难免。然而，有一个非常奇怪的现象是，孩子将会比妈妈更快地适应幼儿园生活，反而是妈妈，面对孩子突然离开自己的身边必然觉得心慌意乱，甚至坐立不安。在度过进入幼儿园的哭闹期之后，因为幼儿园的生活习惯和家里不同，老师的照顾和父母也完全不同，孩子也会出现各种异常情况。这个时候，父母一定要用心观察孩子，及时发现孩子的异常情况，才能为孩子的健康成长保驾护航。

甜甜入园很顺利，入园两个多月后，却发生了一件让妈妈意想不到的事情。当时还有一天就要到国庆长假了,妈妈发现甜甜出现尿频的现象。因为紧接着放假,妈妈也没有和老师反馈,就在家里观察甜甜的情况。没想到,甜甜还是尿频。让妈妈惊讶的是,甜甜并不是一直尿频,而是一喝水就要撒尿,哪怕刚刚撒完尿才喝水,她也口中念念有词又要去撒尿:"老师说,喝水必须撒尿。"但是等到真正坐到马桶上,因为刚刚撒完尿,甜甜并没有尿,因而表现出焦虑的样子,坐在马桶上显得很痛苦。有的时候,如果甜甜投入地玩耍,把撒尿的事情忘记,还是和以前一样两个小时左右才撒一次尿。由此,妈妈推断甜甜应该不是尿路感染导致的尿频,所以决定弱化甜甜撒尿的事情,继续在家观察。

国庆假期后第一天上幼儿园,甜甜下午吃加餐就吐了。当天晚上发烧,妈妈带着甜甜就诊,顺便和医生说起甜甜尿频的情况。医生开了血常规化验和尿常规化验,结果显示甜甜并没有尿路感染的迹象。妈妈又详细向医生描述甜甜尿频是偶然性的,医生突然问:"班级里有孩子尿裤子吗?"妈妈这才想起来在十一假期之前,也就是甜甜出现尿频现象之前,班级里有一天有个孩子尿湿了五条裤子。妈妈说起这个情况,医生说:"也许是老师看到有人尿裤子,强调让孩子们喝水必须撒尿,所以就被孩子记住了。"后来,当甜甜又说要撒尿的时候,妈妈有意识引导甜甜:"甜甜,喝水不用撒尿,有尿才要撒尿。"甜甜带着哭腔说:"老师说,喝水必须撒尿。"还特意加重了"必须"二字,这让妈妈验证了自己的推测,证实甜甜的确是受到了老师的误导。为此,妈妈在甜甜生病好了之后,特意和老师说了这个情况。老师听后觉得是自己的失误,并不是所有孩子都有尿裤子的习惯,不应该一再强调让所有孩子喝水后都必须马上撒尿,于是她向甜甜妈妈表达了歉意,表示之后会尽量避免在孩子面前提起喝水撒尿,从而弱化孩子对于喝水和撒尿这两件事情的联系。就这样,大概又过去十天,甜甜如厕习惯终于恢复正常,妈妈悬着的心才放了下来。

——案例来自爱普生涯儿童天赋能力成长中心

在这个事例中,虽然甜甜顺利度过入园期,但是却因为班级里其他孩子一天尿湿五条裤子而躺枪,记住了老师所说"喝水必须撒尿"的提醒,因而导致精神性尿频。其实,对于年幼的孩子而言,这样的情况很容易发生,尤其是对于把老师的话当圣旨的孩子而言,更是会无条件接纳老师的话,从而导致行为异常。这种情况下,一则需要老师调整教育孩子的思路,说话时不要对所有孩子去说,而要区分孩子的个体情况。二则父母也要及时发现孩子的异常情况,从而果断采取合理措施。在这个事例中,就是因为妈妈比较敏感,才发现了孩子的异常,而且找到了原因,才能及时采取措施,让孩子渐渐淡忘撒尿的强化,最终恢复正常的如厕习惯。

一提起尿频,很多父母都会觉得孩子是尿路感染了,当发现不是之后,就要考虑孩子是否因为精神性的紧张才导致尿频呢?毕竟在幼儿园里,每个孩子对于老师说的话未必都会记在心里,所以哪怕老师真的要求每个孩子喝水必须撒尿,也不是每个孩子都照做。这种情况下就要考虑个体差异,从而有的放矢地区别对待每个孩子。孩子的身体和心灵都很娇嫩且脆弱,但因为年纪小,语言表达不够顺畅,所以孩子往往无法准确表达自己的感受,这就更需要父母细心观察孩子的行为表现,为孩子的健康成长保好驾,护好航。

哭闹不去幼儿园，究竟为哪般

在入园初期，孩子哭闹着不去幼儿园是很正常的。因为如今很多幼儿园会在开学季之前推出亲子班，就是从八月份就开始，让父母陪伴孩子入园，然后循序渐进，让孩子延长在幼儿园的时间，从而尽量争取让孩子接纳幼儿园。这样一来，比直接把孩子与妈妈强行分开，进入完全陌生的幼儿园环境中要好得多，也更符合孩子身心发展规律。

在度过初入幼儿园的哭闹期之后，有些孩子会喜欢上幼儿园，毕竟幼儿园里有小朋友，可以开开心心地玩耍。然而，喜欢幼儿园一段时间之后，他们又会抗拒上幼儿园，这种情况下，父母就要引起警惕了。虽然孩子还小，不能准确表达自己的感受，但是他们不会无缘无故排斥去幼儿园。父母要从孩子的异常表现入手，寻找深层次的心理原因，才能帮助孩子解决幼儿园生活中的困惑和障碍，让孩子心情愉悦地接纳幼儿园生活。

在尿频风波与老师进行了沟通之后，妈妈虽然解决了甜甜的尿频问题，但是不久，妈妈又发现了甜甜的其他不正常现象：这几天，也不知道怎么回事，每天早晨带甜甜去上幼儿园，她都又哭又闹，显得很是抗拒，这让妈妈不由得心里直犯嘀咕。

一天放学，甜甜告诉妈妈老师打她了。妈妈听后很震惊，但在没弄清楚事情的原因前，妈妈不想与老师关系搞得太僵，因而安抚甜甜要遵守纪律，老师就不会打人了。后来在一个星期的时间里，甜甜放学的时候两次告诉妈妈老师打她，妈妈实在忍不住，决定还是和老师沟通一下。但结果并不尽如人意，老师态度强硬，不承认，妈妈无奈，决定不和老师沟通了，转而和园长沟通。妈妈如实向园长反映了情况，园长答应当天下午就给妈妈一个满意的答复。下午，园长把老师和妈妈都约到一起，圆满解决了问题，而妈妈和老师的关系也得以缓和。从此之后，甜甜再也没有说过老师打她，而且又恢复了高高兴兴的状态去幼儿园。

——案例来自爱普生涯儿童天赋能力成长中心

在上述案例中，孩子虽然小，不能准确描述老师是如何对待她的，但是对于幼儿园的印象却完全改变，甚至哭闹着不愿意去幼儿园。幸亏妈妈没有选择一忍再忍，而是及时与老师沟通，然后又与园长沟通，才避免了甜甜继续受委屈。当孩子从喜欢幼儿园突然变得讨厌甚至是排斥幼儿园时，父母一定不能轻视。孩子还小，无法准确描述在幼儿园里发生的事情，但是他们的感觉比较敏锐，因而会根据自己的本能做出情绪反应。出现这样的改变，父母要探究背后的原因，才能最大限度帮助孩子营造良好的成长环境，不能让孩子因为遭受冷暴力，而郁郁寡欢地成长，那样无疑会给孩子留下心理阴影。

很多父母总觉得孩子不去幼儿园就是想偷懒，如果孩子从入园初期一直哭闹，那么也许是还没有适应幼儿园。但是对于已经适应幼儿园并且很喜欢幼儿园的孩子而言，出现这样的情绪反应，作为父母一定要警惕。毕竟孩子还小，语言表达能力有限，父母了解孩子的重要方式，就是观察孩子的行为表现是否有异常。

除了冷暴力之外，孩子进入幼儿园并非进入了保险箱。最近这段时间，全国各地的幼儿园频繁发生虐童案件，这使得每一个父母都提心吊胆，尤其是家有读幼儿园孩子的父母，更是忧虑重重。当然，虐童案件只是个别现象，而且国家也在加大打击力度，相信大多数幼儿园都是很好的，都能提供给孩子安全健康的成长环境。常言道，害人之心不可有，防人之心不可无，作为父母，还是要密切观察孩子的言行举止有无异常，才能最大限度保护孩子。尤其是当发现孩子有异常之后，不要掉以轻心，要及时找出原因，想办法解决，这样才是对孩子的成长负责。孩子就像是娇嫩的花朵，很容易受到伤害，优秀的父母会为孩子的成长保驾护航，也会竭尽所能为孩子创造最好的成长环境。

夜里突然惊醒，要从白天找原因

以前农村里有孩子夜啼，就会写上一张"夜哭郎"的字条贴在某个地方，让路过的人都念一念，据说这样孩子的夜啼就会好了。实际上，这是封建迷信的表现。从科学的角度而言，孩子白天如果受到惊吓，或者精神过于紧张和兴奋，就会导致夜晚啼哭。有的时候，如果在睡觉之前过于兴奋，也会导致入睡之后睡眠不安稳。因此在孩子入睡之前，父母应该避免孩子过于兴奋地玩耍，而要引导孩子从事相对平稳的活动，比如让孩子看看书，玩会儿积木，都能帮助孩子的情绪保持安静，从而避免孩子因为过度兴奋而睡眠时惊醒。如果孩子喜欢喝牛奶，还可以让孩子睡前喝杯热牛奶，这对于孩子深度睡眠很有好处。当然，喝牛奶之后要提醒孩子漱口，保持口腔清洁，否则会导致龋齿。

对于婴儿来说，也许会因为尿布不舒服，或者发生肠绞痛，导致惊醒啼哭。在这种情况下，父母要及时检查婴儿是否有哪里不舒服或者是否有异常，要密切关注婴儿的身体情况，以排除病理性原因。此外，孩子缺钙也会导致入睡之后盗汗、惊醒等，对于几个月以上的婴儿，还可以检查微量元素，从而保证足够的钙摄入量。

作为甜甜的同学，恩琪适应幼儿园的过程并不顺利。八月亲子园结束后，孩子们开始在幼儿园里度过整个白天的时间，也在幼儿园里午睡。然而，也就是从这个时候开始，恩琪夜里总是突然惊醒，然后大哭十几分钟，才能在妈妈的安抚下继续入睡。妈妈百思不得其解，在咨询医生之后，才想到应该是白天受到了惊吓。妈妈知道，恩琪胆子很小，性格内向，而且是慢热型的，因而需要一段时间才能适应老师。

为此，妈妈特意找到老师，希望她们能够多多关照恩琪，给予恩琪更多的照顾。老师们了解到恩琪的情况后，也都表示会更多地关注恩琪，帮助恩琪尽快适应幼儿园的生活。然而，恩琪白天尿裤子的情况也很严重，就是因为她惧怕老师，所以有了小便不能及时尿出来，因而只能勉强忍住。结果到忍不住的时候，就尿湿了裤子。由于害怕被老师批评，她变得更加害怕，由此陷入恶性循环。一天，妈妈刚刚接了恩琪放学，恩琪就要哭了似的对妈妈说："妈妈，我想撒尿，憋不住了。"妈妈赶紧给恩琪解决了小便，才问恩琪："你是不是憋了很久了？"恩琪点点头。妈妈突然意识到恩琪是有了小便不敢告诉老师，尿裤子更加害怕，为此妈妈特意和老师沟通，希望老师能够私下里提醒恩琪撒尿，这样恩琪才敢去撒尿。果然，老师特别提醒恩琪撒尿之后，恩琪尿裤子的情况大大好转，夜里惊醒的情况也好转了。

——案例来自爱普生涯儿童天赋能力成长中心

原来，恩琪之所以夜里惊醒哭泣，是因为白天不敢告诉老师她要撒尿，结果导致频繁尿裤子，又更害怕才会夜里惊醒。而妈妈发现这个情况后，让老师特别提醒恩琪撒尿，这样恩琪就能在老师的提醒下去撒尿，减少了尿裤子的次数，因而精神放松，夜啼的情况自然就有所好转。孩子的内心很脆弱，不能承受太大的压力，尤其是对于还没有完全适应幼儿园生活的孩子而言，老师更多的关注和照顾能帮助孩子更快地适应幼儿园，这是需要父母和老师更加密切配合才能顺利推进的。

除了撒尿问题导致的精神压力外，孩子开始幼儿园生活后，与同学和老师的相处，也会让他们倍感压力。毕竟对于孩子而言，幼儿园生活是完全陌生的，不仅从生活规律和习惯方面需要适应，从内心而言也需要适应。面对孩子因为不适应幼儿园生活表现出来的各种症状，父母一定要加以重视，积极帮助孩子解决问题，才能让孩子健康快乐地成长。

对于稍微大些的孩子而言，在看电视或者看书的时候，也要避免引起会让孩子恐惧的内容。曾经有个七八岁的孩子，因为父母观看《生化危机》的电影，他也在一旁跟着观看，结果导致入睡不安稳，半夜惊醒啼哭，这都是因为白天看到电影画面后受到惊吓的缘故，所以父母要减少对孩子的这些刺激，从而保证孩子睡眠安稳。

当孩子突然说有"鬼"

很多父母都误以为孩子小,因而对孩子的异常表现根本不放在心上,甚至对于孩子一本正经说出来的话,也总觉得是孩子年纪小,是在胡说八道,从而不放在心上。殊不知,孩子的很多异常表现都并非凭空出现,而是有原因的。例如当孩子突然说有"鬼",并非是听多了鬼怪神话故事,而是有可能真的有特别的情况发生。

实际上,在大多数父母心目中,孩子的话都是无厘头的,也因为如此,父母对孩子的话才会不以为意,根本不放在心上。尤其是当孩子小时候,父母更是轻视孩子的话,殊不知孩子还不能完整顺畅地表达,也许偶尔冒出来的某一句莫名其妙的话,就意味着危险的临近。

这段时间,原本五岁就已经分房间自己独立入睡的晓彤突然间变得胆小起来,每当夜晚到来,她总是要央求爸爸或者妈妈陪着她入睡。有的时候没有人陪伴,晓彤还会害怕地哭起来。妈妈无奈地问晓彤:"晓彤,你五岁就开始自己睡觉啦,怎么现在都九岁了,反而害怕了呢?"晓彤问妈妈:"妈妈,世界上有鬼吗?"妈妈赶紧批评晓彤:"不要胡说八道,世界上哪里来的鬼呢,都是你自己瞎想的。"晓彤说:"但是,我真的看到过鬼啊!"妈妈摸摸晓彤的脑袋:"这孩子也没发烧啊,怎么就糊涂了呢!"看着晓彤害怕的样子,妈妈也没办法,只好让爸爸来安慰晓彤,陪伴晓彤入睡。

听到晓彤总是念叨着"鬼",爸爸问晓彤:"晓彤,你见过鬼吗?鬼是什么样子的?"晓彤说:"见过,他总是跟着我,带着帽子、口罩,我看不见他的脸,但是真的很可怕。"听到晓彤说得有鼻子有眼的,爸爸继续问:"那么,你是在哪里看到鬼的呢?"晓彤说:"上学和放学的路上,都能看到。"爸爸当然知道这个世界上根本没有鬼,而且青天白日的更不可能有鬼,为此他决定次日暗中保护晓彤上学和放学,一探究竟。上学的时候一切正常,放学的时候,爸爸果然发现有个鬼鬼祟祟、带着帽子和口罩的人跟着晓彤。直到晓彤回到家里,那个人影还在楼下观察了一会儿才离开。爸爸赶紧联系警察,并且于次日晓彤放学的时候把那个"鬼"抓了起来。经过审问,才发现这个"鬼"是个从外省流窜过来的人贩子,正在物色作案的对象!

——案例来自爱普生涯儿童天赋能力成长中心

幸好爸爸机警,否则晓彤可就危险了。现实生活中,很多父母都会觉得孩子小,因而把孩子说出的看似无厘头的话不放在心上。殊不知,当孩子感到紧张不安的时候,唯有父母是他们可以求助和依赖的对象,如果父母都对他们的话不相信,那么他们一定会感到非常无助,也无法抵御危险的到来。在这种情况下,作为孩子最依赖和最值得信任的人,父母一定要用心保护孩子,对于孩子的任何求助信号都要引起足够的重视,而不要让孩子无端受到伤害。

哪怕孩子说这个世界上有"鬼",看起来孩子是在胡言乱语,父母也要深入了解孩子的内心状态,弄清楚孩子为什么这么说,才能有效地保护孩子,也给予孩子更安全健康的成长环境。否则,如果孩子求助无果受到伤害，那么父母就会追悔莫及。对于孩子说出的危险讯号，父母应该怀着宁可信其有的心态，才能给孩子全方位的保护。当然，父母不可能一天二十四小时都陪伴在孩子身边，对于大一些的孩子，应该帮助他们建立安全意识，教会孩子如何保障自身的安全，这才是最重要的。

为何孩子一见邻居就哭

在农村，邻居之间的关系是比较亲密的，因而人与人相处的界限也没有那么清晰。农村的家庭往往都是开放式的，不像在城市里，每一家各自关起门来过自己的日子，很少相互串门。在农村，父母对于孩子的监管也不像城市里这么严，很多还在襁褓中的婴儿或者低龄幼儿，邻居说抱走就抱走玩了，而父母完全不担心。正因为如此，农村里很多对孩子的伤害无人知道，甚至连父母都不知道。

实际上，父母对于孩子的监护，一定要非常严密且全方位。很多细心的妈妈都坚持不让自己的女儿和除了爸爸之外的任何男人单独待在一起，其实是有道理的。常言道，画虎画皮难画骨，知人知面不知心。所以真正负责任的父母，不会让没有自我保护能力的孩子离开自己的监控范围。否则，孩子如果还不会说话，或者不能顺畅表达，父母又如何知道孩子在离开自己的时候发生了什么呢？！

这天中午，妈妈正抱着小云打麻将，邻居家的男人又来了。看到这个男人来了，才两岁的小云心里很害怕，她的眼神里满是恐惧，但是妈妈却对此无知无觉。当邻居提出要把小云抱走去玩时，妈妈为了能心无旁骛地打麻将，当即就同意了。这时小云"哇"的一声开始大哭，邻居却不由分说从妈妈怀里把小云抱走，根本不顾小云的挣扎。妈妈乐得自在，连声说："囡囡，和叔叔一起去玩，妈妈打完麻将去找你哦。"直到三个小时后，妈妈打完麻将才去接小云，却发现小云已经带着泪痕睡着了。至此，妈妈没有想到任何关于小云安危的问题，谢过了邻居，就抱着小云回家了。

当天晚上，妈妈正好要给小云洗澡，在给小云清洗私处的时候，才发现小云的私处又红又肿，而且有的地方已经破了。妈妈突然间意识到发生了什么事情，也才意识到小云为何最近一看到邻居男人就哭。小云妈妈果断报了警，让邻居家的男人受到了应有的惩罚。而从此之后，小云妈妈再也不打麻将了，她甚至觉得自己对不起年幼的女儿，也彻底戒掉了打麻将的瘾。

——案例来自爱普生涯儿童天赋能力成长中心

当孩子一旦见到一个人就哭的时候，排除认生的因素，作为父母，一定要重视这个问题，不要再把孩子交给那个让他恐惧的人，更不要让孩子与那个让他恐惧的人独处。孩子虽然小，甚至不会说话，也不能表达自己内心的感受，但是孩子却是有感觉的，他们知道哪些人对他好，哪些人对他不好，因而就以哭声来提醒父母保护自己。如果父母足够警醒，就要尊重孩子的情绪表达，也提醒自己照顾好孩子。如果父母粗心大意，就像事例中的小云妈妈一样为了打麻将不顾一切，那么孩子受到伤害就完全是父母造成的，是父母监护不到位，才会让孩子落入魔爪，任人蹂躏。

不管是男孩还是女孩，尤其是女孩，在孩子还小，不能保护自己的时候，父母一定要尽到监护人的责任，不要为了一时的轻松而把孩子交给不可靠的人监管。否则，一旦对孩子造成伤害，就会给孩子的心理带来阴影，甚至使孩子无从面对自己。不得不说，对于孩子的人生而言，这是莫大的悲剧，是不得不小心防范从而坚决杜绝发生的事情。

不要把孩子说的话当"假"

很多父母都因为孩子小，而总是把孩子说的话当成假话。殊不知，两三岁的孩子就有了基本的语言表达能力，虽然他们还不能详细完整地阐述一件事情，有的时候也分不清真假，分不清想象和现实，但是实际上孩子时不时地就会说真话，把危险的讯号告诉父母。在这种情况下，父母一定要本着宁可错杀一千不可放过一个的态度去求证事实，从而保障孩子的安全。

前段时间频繁发生的幼儿园虐童案件中，曾经有父母反馈孩子回家之后只言片语说过幼儿园里的事情，但是父母觉得孩子的话太匪夷所思，就忽略了。直到事情完全曝光，父母才后悔当初没有把孩子的话当真，使孩子遭受了很多的伤害。父母之所以不把孩子的话当真，就是觉得孩子说话不靠谱。实际上，反过来想，正因为孩子说话不靠谱，所以父母更要把孩子的话当真，否则一旦错过浮出海面的冰山一角，父母如何来验证孩子的生存状况，进而保护好孩子呢？

第八章 用心观察儿童的异常行为,警惕成长中的危险因素

作为三年级的小学生,晓彤虽然已经九岁了,但是常常说话不分真假,而且很爱夸张。渐渐地,妈妈也就不那么把晓彤的话当真了。有段时间,晓彤回家告诉妈妈:"妈妈,班级里有个男生喜欢我,还说要与我结婚呢!"妈妈哈哈大笑起来:"胡说八道吧。你们才小学三年级,结什么婚。"后来,又有段时间,晓彤回家告诉妈妈:"妈妈,数学老师说我长得特别漂亮,还摸我的脸了呢!"妈妈知道晓彤的数学老师是个中年男性,因而呵斥晓彤:"不要胡说,老师怎么可能摸你呢?"晓彤委屈地说:"是真的,妈妈。老师把我叫到讲台上,不但摸我的脸,还摸我的屁股了。"这段时间,晓彤的爸爸正好外出打工了,妈妈一个人忙完家里忙家外,也就没把晓彤的话放在心上。

直到有一天,班级里一个女生的家长把数学老师告到了教育局,事情闹得沸沸扬扬,妈妈才意识到晓彤说的都是真的。原来,这个数学老师不仅猥亵了晓彤一个女孩,还经常利用自习课的时间把其他女孩叫到讲台上进行猥亵,有的时候还会借口辅导作业为名把女孩叫到他的单身宿舍。妈妈懊悔不已,赶紧问晓彤相关的情况,听到晓彤说完更是追悔莫及。后来,班级里十几个女孩的家长联名上告,学校开除了这位数学老师,并报送公安机关,让他受到了应有的惩罚。

——案例来自爱普生涯儿童天赋能力成长中心

作为负责任的父母,宁可把孩子的话当真,也不要不把孩子的话放在心上。把孩子的话当真之后,还可以去求证,也不至于冤枉了谁。但是如果把孩子的话当假,等到伤害真的进行到无法挽回的地步,就会给孩子的一生带来挥之不去的阴影。

孩子那么小，从呱呱坠地开始，作为柔软的生命就要被父母全方位呵护和保护。而随着孩子渐渐长大，走出家庭，走上社会，他们面临的危险也越来越多。当孩子还没有成长到足以保护自己的年纪时，父母更要对孩子的成长多多用心，坚决杜绝一切伤害，才能给孩子一个健康快乐的童年。不把孩子的话当假，不是矫枉过正，而是本着对孩子负责任的态度，帮助孩子摒弃一切危险，也让孩子远离人生的危险。

第九章

和善坚定的父母,
才能让儿童以自律力养成好习惯

  面对孩子状况百出的成长经历,很多父母都会觉得抓狂,也不知道如何应对。他们羡慕别人家的孩子总是那么自律听话,也羡慕别人家的孩子总是能把事情都做到最好,完全不让父母操心和费力气。实际上,别人家的孩子并非天生就那么听话懂事,拥有自律力,而是因为他们的父母和善坚定,孩子才能养成各种好习惯。毋庸置疑,让孩子养成好习惯,才是最一劳永逸的教育方式,否则父母只能被动地跟着孩子疲于应付,而根本无法做到引导孩子成长。

让孩子先听后说,不再随便插嘴

很多父母对于孩子插嘴的行为都深恶痛绝,这是因为当父母在谈论重要的事情时,孩子总是不识趣地说些话,不但打断了成人的交谈,还打乱了谈话的节奏,甚至使谈话无法达到预期的目的。在这种情况下,父母当然会非常恼火,甚至怒斥孩子不懂礼貌。实际上,孩子并非是故意打断成人交谈的,他们的不懂礼貌是由于他们所处的年龄阶段导致的。父母唯有更加了解孩子的心理世界,才能平静地对待孩子的插嘴行为,也不至于因此而训斥孩子。

首先,孩子之所以对成人的交谈插嘴,是因为他们在一旁倾听,激发起了好奇心,所以他们也很想介入成人的世界,了解成人到底在说些什么。面对这种插嘴的初衷,父母应该给孩子机会表达自己,让孩子先倾听,等到成人发言结束,再让孩子参与交谈。明智的父母还会借此机会引发孩子进行积极的思考,也可以怀着民主平等的态度与孩子探讨问题。记住,最糟糕的方式就是让孩子"闭嘴",以粗暴的方式打断孩子参与谈话。日久天长,孩子受到这样不公平的对待,必然也以相同的方式对待成人,这无疑是最不好的结果,也会影响孩子成人之后与他人的相处模式。

其次,有的孩子之所以在成人交谈的时候插嘴,是为了吸引成人的注意。尤其是如今有很多孩子都是独生子女,从小习惯了家里的所有人都围着自己转,所以他们不能容忍被忽视和无视。那么父母就要更加重视孩子，例如在与他人进行交流之前先郑重其事地介绍孩子，这会让孩子感觉自己受到了重视，也能够让孩子从心理上保持平衡。

最后，有的时候成人在一起交谈时很容易忽略孩子，也丝毫没有注意孩子正在一旁无聊乏味地等待。殊不知，很多孩子年纪尚小，根本不懂得等待，也因为乏味无聊，他们总是忍不住要插嘴。这种情况下，如果预计交谈时间很长，父母可以找些事情给孩子做，或者在允许孩子参与交谈的情况下，告诉孩子交谈的规则：等一个人说完话，另外一个人再发表意见，这也是尊重他人的表现。这样一来，孩子才能合理约束自己，也让自己在参与交谈时表现得更好。

需要注意的是，父母一定要打破传统的封建思想，即觉得大人说话的时候，小孩子没有权利插嘴。其实，这是不尊重孩子的表现，也没有把孩子放在平等的地位上。大多数情况下，孩子插嘴只是为了表达自己的见解，这是孩子的权利，只是插嘴的方式不恰当，所以父母只需要教会孩子参与交谈的正确方式即可，完全没有理由和权利批评和指责孩子。相信在懂得交谈的基本规则和尊重他人的原则之后，孩子在交谈中一定会表现得更好。

周末，家里来了客人，是妈妈的同事，为了和妈妈商量工作上的事情。妈妈先向客人隆重介绍了自己的儿子小风，然后就与同事针对工作上的很多情况开始进行交流。在此期间，小风一直安静地在一旁等候，而看到妈妈和同事说了半个小时都没有结束，小风突然插嘴说："阿姨，你和妈妈在说什么呢？我都听不懂。"同事这才留意到小风一直站在旁边倾听，因而对小风说："小风真乖，真有礼貌。阿姨在和妈妈说工作上的事情，等到阿姨说完，咱们来聊聊你感兴趣的变形金刚，好不好？或者是乐高积木。"听到阿姨居然知道变形金刚和乐高积木，小风一蹦三尺高。

接下来的时间，小风找了一本书在客厅里看书，等着妈妈和同事交流。他还准备好自己的乐高积木，准备和阿姨一起拼积木呢。阿姨看到小风这么乖巧，迅速和妈妈结束谈话，就和小风一起玩乐高积木了。结果，阿姨和小风玩得很开心，小风也表现得特别有礼貌。愉快的一天就这么结束了，同事对小风评价很高，还直夸妈妈有个好儿子呢！

——案例来自爱普生涯儿童天赋能力成长中心

在这个事例中，阿姨巧妙地运用转移注意力的方法，让小风有所期盼，因而增加了小风等待的耐心。这样一来，小风就没有继续插嘴，而是乖乖地在一边等候，因为他知道妈妈和阿姨并没有忽略自己，而且阿姨还允诺要和小风一起玩乐高积木呢。由此可见，孩子插嘴往往是因为等得不耐烦或者觉得自己被忽视，当他们意识到自己没有被忽视而且还被安排得很妥善时，他们才会有更多耐心等待。

既然孩子有权利表达自己，也有权利参与交谈，那么此时父母最该做的就是教会孩子交谈的礼貌和规矩。所谓插嘴，顾名思义就是发表意见的时机不对，如果把握正确的时机，也许孩子的真知灼见还能让父母感到惊喜呢。所谓一个篱笆三个桩，一个好汉三个帮，任何时候，都不要忽略孩子的小宇宙中蕴藏的能量。当孩子把话说得恰到好处，成功介入成人的交谈，他们的思维也会越来越灵活，语言表达能力也会因为得到锻炼而增强。总而言之，作为父母，要尊重孩子，给孩子营造民主平等的家庭氛围，这样才能让孩子快乐地表达自己，也得到平等的对待。一个从小就得到理解和重视的孩子，一定会有精彩的人生表现。

摆脱分离焦虑，独立乐观

在经历了十月怀胎一朝分娩之后，很多妈妈都在"卸货"的一刹那觉得异常轻松。然而，接下来的时间里，虽然她们与孩子不再是一体的，但是实际上孩子对于妈妈的依恋有增无减。尤其是对于三岁之前的孩子而言，往往会产生分离焦虑，即一旦离开妈妈就会哭闹不止。这给很多妈妈在哺乳之后恢复工作带来了很大的难度。那么，如何才能缓解孩子的分离焦虑，让孩子坦然面对妈妈的离开呢？

实际上，孩子越是缺乏安全感，他们的分离焦虑现象也就更加严重。很多孩子误以为妈妈一旦离开就不会再回来了，因而总是哭得声嘶力竭。面对孩子的哭闹，妈妈会发现不管怎么哄孩子说"挣钱买好吃的，买玩具"等诸如此类的话，孩子都不会领情。其实，这些推托之词都是治标不治本的，也根本无法真正解决孩子分离焦虑的问题。有些孩子因为分离焦虑情况严重，还会导致生理上也出现一系列的连锁反应。他们不停地寻找妈妈，因为严重的精神紧张和情感焦虑，导致出现身体不适。从本质上而言，分离焦虑不是孩子害怕分离才出现的，而是孩子主动想脱离妈妈而表现出对妈妈的特殊依恋。在怀胎十月的过程中，胎儿与妈妈是一体的，在出生之后，胎儿脱离母体，成为独立的生命个体。在孩子出生之后的时间里，妈妈与孩子建立怎样的情绪关系，将决定妈妈未来和孩子之间的关系，因而妈妈必须重视孩子的依恋，从而为良好的亲子关系奠定基础。

很多年轻的妈妈对此产生误解，觉得不能与孩子太亲近，这样才能减轻孩子分离焦虑的情况。实际上，这种方法很消极，也无法起到良好的作用。正确的做法是，先帮助孩子建立安全感。曾经有位心理学家说，一个妈妈面对襁褓中的婴儿，无论亲子关系多么亲密都不为过。因为这正是孩子建立安全感的特殊时期，孩子只有拥有安全感，才能顺利实现精神上的断乳，摆脱对妈妈的依赖。细心的妈妈会发现，在熟悉的环境里，如果妈妈离开很短的时间，孩子是不会有过激情绪反应的。在妈妈准备恢复工作之前，为了让孩子适应长时间与妈妈分离的情况，妈妈可以先试着短暂离开孩子一会儿，然后再回来陪伴孩子。如此重复之后，孩子就能意识到妈妈虽然离开了，但是还会回来，因而他们内心失去妈妈的恐惧就会减弱，他们也不至于因此而歇斯底里。此外，这么做还有一个好处，那就是孩子入园会更加顺利。很多孩子入园哭泣，都是在最初离开妈妈的时候，如果孩子习惯于妈妈离开一小会儿，在与小朋友玩到一起之后，就不会因为看不到妈妈而哭泣了。由此可见，短暂分离，对于培养孩子的独立性有很大的好处。但是不得不指出的是，三岁前妈妈要尽量长久地陪伴孩子，减少与孩子长久分离的时间，这有助于孩子形成安全感，为孩子与妈妈分离奠定良好的安全感基础。

为了帮助孩子适应入园，幼儿园推出了亲子班，从八月一日开班，父母可以陪伴孩子入园一周的时间。第一天，妈妈带着小叶一起入园，小叶还不敢离开妈妈呢，她对妈妈亦步亦趋，不管去哪里或者玩什么玩具，都让妈妈跟着她，守护着她。妈妈很担忧：小叶这样的情况，能适应幼儿园的生活吗？

出乎妈妈的预料，第二天开始，小叶就有了明显的改变。她不再要求妈妈跟着她，而是尝试着离开妈妈片刻，大概几分钟之后，才完成独自的探索，回到妈妈身边。每当这时，妈妈就鼓励小叶："小叶真棒，可以自己去玩玩具，或和小朋友一起玩。妈妈就在这里等你，好不好？"三岁的小叶显然听明白了妈妈的话，在第五天的时候，小叶已经可以实现二十分钟不找妈妈，自己去和小朋友们一起玩玩具了。

第二周开始，妈妈不能陪着小叶入园了。在送小叶去幼儿园的时候，小叶抱着妈妈哭泣，不让妈妈离开。妈妈说："小叶，你还是自己去和小朋友玩，妈妈回家取个东西，就会来接你一起去超市，好不好？"虽然小叶很不愿意，但是想到前几天妈妈都会在那里等着她，她只好委屈万分地同意了。两个小时课程结束后，妈妈准时在教室门口等小叶，小叶看到妈妈赶紧扑过来，妈妈蹲下，把小叶抱在怀里，对小叶说："小叶，妈妈就在这里等你的，对不对？明天还是自己上学，妈妈就在这里等你，和今天一样，好吗？"小叶点点头，眼睛里含着眼泪，她一定很感动妈妈就在这里等她吧。后来几天，小叶虽然还不能做到高高兴兴入园，但是她显然已经接受了要独自上幼儿园的事实，也不再排斥和抗拒了。

——案例来自爱普生涯儿童天赋能力成长中心

在这个事例中，妈妈陪伴孩子入园的一周，对于缓解孩子的分离焦虑起到了很好的作用。孩子知道妈妈会在那里等着他，也就不会担心妈妈不出现了。因而孩子渐渐接受独立入园的事实。实际上，如果孩子能独立入园两个小时，他也就能独立入园一整天，因为在老师的带领下，他们和小朋友玩得很开心，时间不知不觉就过去了，孩子当然很快就等到妈妈出现在教室门口了。

在缓解孩子的分离焦虑时，不要说孩子听不懂的成人语言，诸如挣钱给孩子买好的、买玩具之类的话，对于孩子稚嫩的心灵起不到任何安抚作用。相反，还会让孩子觉得莫名其妙，导致孩子更加紧张。作为父母，只需要言简意赅地告诉孩子"妈妈会在这里等着你，妈妈会来接你回家"，效果反而更好。在此，必须提醒每一位父母的是，千万不要在孩子不注意的时候突然"消失"，也许有些父母会解释自己不是突然消失，而是趁着孩子不注意的时候离开。但是在孩子心目中，父母就是突然消失。试想，作为成人，如果你在陌生的环境中一回头找不到自己最信任和最依赖的人，你会是什么感受？突然消失给孩子造成的巨大恐惧和压力，是成人不可想象的。所以明智的父母会正面离开孩子，而不会逃避与孩子分离的过程。这是对孩子负责，也是保护孩子稚嫩的心灵的表现。

告别"猪窝"，保持房间干净清爽

很多孩子都擅长收拾自己的物品，因为父母总是抱怨孩子的房间就像猪窝，哪怕父母把房间收拾好了，孩子也会马上把它弄得乱七八糟。孩子为什么这么喜欢乱丢东西呢？他们不但不会收拾房间，还不懂得保持干净整洁，实际上这并不怪孩子，而是父母从小没有让孩子养成良好的习惯。

也许有些父母觉得孩子只要学习好，是否会收拾东西并不重要，殊不知，正如古人所说，一屋不扫何以扫天下，如果孩子总是把自己的私人物品放得乱七八糟，那么他又如何能为自己营造秩序井然的学习环境，让自己的生活和学习都有秩序且效率倍增呢？作为父母，不要轻视孩子的马虎情况，也不要一味地帮助孩子收拾残局，整天跟在孩子屁股后面，按照孩子的指示寻找各种东西，而是要培养孩子良好的卫生习惯，让孩子学会合理安排自己的生活和学习。

梦洁已经十岁了，是个长相甜美、乖巧懂事的小姑娘，学习成绩也很好，她唯一让妈妈头疼的就是——不懂得收拾房间。而且，哪怕妈妈把房间收拾好了，她也能够转眼之间就把房间弄得一团糟，这使妈妈简直要抓狂。妈妈不止一次抱怨梦洁："宝贝啊，你都十岁了，妈妈像你这么大的时候洗衣做饭样样精通，你怎么连自己的房间都收拾不好啊？！"每当听到这句话，梦洁都会觉得很不服气，因而气鼓鼓地自己收拾房间。然而，看着梦洁收拾之后的房间，妈妈总觉得比没收拾之前更乱了，因而索性自己动手，三下五除二就把房间收拾得干干净净。然而，等到次日看到梦洁的房间又恢复"猪窝"状况时，妈妈就又开始抱怨，然后又看不惯梦洁自己收拾，因而忍不住代劳。如此一来，妈妈的抱怨和梦洁在收拾房间方面的弱势陷入恶性循环之中，总是无法得到解决。

有一次，小姨来家里做客，正好遇到妈妈正在因为梦洁的"猪窝"怨声载道，一边抱怨一边帮着梦洁收拾呢。小姨对妈妈说："姐啊，你也别抱怨了。梦洁不会收拾房间，还不是怪你总是替她收拾，你说别人家的孩子干净整洁，却不知道别人家的孩子都有一个'懒妈妈'，懒妈妈总是让孩子干自己力所能及的事情，孩子当然越干越好了。相反，如果妈妈总是一手包办，孩子自然越来越懒惰。而且，很多妈妈在孩子两岁时，就引导孩子自己收拾东西，那么你呢？你一直代替孩子收拾，孩子这样也就不抱怨啦。但是如果你现在还不给孩子锻炼的机会，只怕她到了上大学的时候也不会铺床呢!"小姨的话让妈妈陷入深思,妈妈意识到小姨说得很有道理,也决定要从现在开始培养梦洁的动手和自理能力。

——案例来自爱普生涯儿童天赋能力成长中心

在上述事例中,小姨说得很有道理。前些年,大学生因为不会铺床而坐了一夜,因为从未见过带壳的鸡蛋而不会剥鸡蛋壳的事情时有发生,这实际上并不完全是孩子的问题,而根源在于父母。父母一旦因为过分溺爱孩子,导致孩子依赖性太强,孩子就无法形成良好的生活习惯。由此可见,妈妈懒惰一些,对于孩子而言并非坏事请,也许懒惰的妈妈偏偏造就了勤快的孩子呢。即使妈妈很勤快能干,也可以假装懒惰,甚至故意依赖孩子,这样才能激发孩子的独立性,让孩子变得更勤快和能干。

当然,要想解决孩子为何乱丢东西的问题,必须先弄清楚孩子为何出现这样的行为状况。首先,孩子都是缺乏自制力的,他们玩过玩具之后只会往旁边一丢,根本不知道必须物归原处,才能保持家中的干净整洁,也方便下次寻找这个玩具。除了玩具之外,对于家中的很多物品,都要养成用完之后放回原处的好习惯,才能方便孩子和自己。其次,很多父母总觉得孩子还小,不需要收拾东西,殊不知,如果孩子小时候从来不知道自己需要收拾东西,那么即使长大之后,他也不可能主动收拾东西。因为在父母的包办中,他已经误以为东西会自己变得整洁干净,而丝毫没有意识到家中的清洁是需要保持的。这样一来,孩子还如何养成良好的卫生习惯,主动保持房间的干净清爽呢?最后,家庭环境的影响对孩子也很重要。有些年轻的父母平时不注意卫生,家里总是乱糟糟的,可想而知孩子在这样的环境中成长,就会误以为家中原本就该是"猪窝"的样子,怎么可能主动保持自己房间的整洁呢。相反,那些总是把家收拾得干净清爽、纤尘不染的父母，更容易养成孩子良好的卫生习惯，这是言传身教的影响力，也是耳濡目染的作用。

由此可见，要想解决孩子的邋遢问题，父母首先要以身示范，不但搞好个人卫生，更要为孩子营造良好的家庭氛围。其次，要及时对孩子开展教育，例如孩子玩过玩具没有放回原处时，父母可以引导孩子收拾玩具，也可以和孩子一起收拾玩具，从而给孩子做出示范。记住，切勿因为觉得孩子收拾不好，就为了省事而代劳，否则孩子就永远也不会养成自己收拾的习惯。再次，父母还可以让孩子感受住在"猪窝"里的感觉，从而使孩子产生干净整洁的需求，这样孩子就会尝试着主动收拾东西，也不会对父母提出让他保持干净清爽的要求那么反感和排斥了。最后，要为孩子创造打扫卫生的机会，例如定期举行大扫除，给孩子分配合适的任务，让孩子在锻炼的过程中不断提升自身的能力，相信孩子这方面的能力会不断得到提升。

写作业不拖延，才有时间娱乐休闲

如今，对于每个家有学生的家庭而言，作业之痛已经无可避免。父母一边在抱怨学校名为给学生减负，实则给学生分派了更多的作业，一边还在不停地朝孩子身上施加压力，或者给孩子报名参加各种各样的课外班，或者给孩子布置更多的课外作业。在逐年上升的儿童和青少年自杀率中，作业之殇导致的自杀率节节攀升，甚至可以说作业的沉重压力已经成为孩子的安全隐患之一。没有人愿意轻易放弃生命,孩子并非不知道死了就再也活不过来了,而他们之所以选择结束生命,一定是觉得活着比死了更痛苦。试想,如果一个孩子本身就因为学习成绩不够优秀而痛苦,每天艰难地应付学校里的繁重作业,还要时不时地被父母责骂和嫌弃,那么他一定会绝望至极,也难免会选择偏激的做法结束这一切。

试想,作为成人,尚且只是八小时工作制,回到家里还能休息,而稚嫩的孩子却要在白天学习之后,回到家里继续辛苦几个小时完成繁重的作业。到了周末,他们不得不被父母逼着参加各种补习班,根本没有任何娱乐和休闲的时间,那么他们人生的乐趣从何而来呢?因此,不管是作为教育工作者还是作为父母,都要认真对待孩子的作业问题。甚至当孩子作业多得写不完时,父母适度帮助孩子完成,也并非不可取。

当然,前文说过,孩子的自控能力比较差,自律力也不够强,他们面对堆积如山的作业,难免会拖延。为了让孩子有时间阅读、游戏和生活,父母更应该引导孩子养成迅速完成作业的好习惯。曾经有父母在孩子小学阶段奉行快乐教育,结果进入初中之后,才发现孩子根本不具备完成作业的能力。没错,完成作业其实是一种能力,当孩子具备这种能力,能够又快又好地完成作业,他才有时间去休闲和阅读,开阔自己的眼界,充实自己的心灵。需要注意的是,在孩子完成作业之后,如果学校的作业量本身已经很大,父母千万不要逼迫孩子再完成课外作业,否则就会导致孩子更加磨蹭和拖延。这完全可以理解,对于任何人而言,如果完成作业之后还要完成更多的作业,那么加快速度还有什么意义呢?!从这个角度而言,要想激励孩子尽快完成作业,父母切勿不顾实际情况就给孩子布置更多的课外作业。唯有让孩子意识到完成作业之后有时间做自己想做的事情,孩子才有更加充足的动力加快做作业的速度。

自从明锐升入小学五年级，妈妈发现明锐完成作业的时间明显拖长了。一开始，妈妈以为是明锐故意拖延，后来才发现事实并非完全如此。在咨询十几个同年级的父母之后，妈妈意识到孩子进入高年级作业量的确增多了。

每天下午，明锐三点放学，三点半到家，休息一会儿，吃点儿东西，四点准时开始写作业。写到五点半，吃饭加上休息，六点半再开始写作业，要一直写到九点半。这就意味着明锐的作业需要四个小时才能完成。其他父母反馈的情况是，孩子基本两到三个小时能完成作业。为此，妈妈觉得虽然作业量增多是事实，但是明锐的速度也还是有很大提升空间的。为此，妈妈取消了明锐每天的课外作业，还告诉明锐只要写完学校的作业，不到八点的情况下，可以玩一会儿。就这样，明锐写作业的速度大大提升，妈妈再也不为明锐的作业拖延问题头疼了。

——案例来自爱普生涯儿童天赋能力成长中心

孩子是很聪明的，当发现写作业快就意味着要写更多的作业，他们往往会降低写作业的速度。然而当发现写作业快，可以有时间休闲和娱乐，他们就会开足马力，提升写作业的速度。所以为了让孩子戒掉拖延的坏习惯，父母没有必要总是把孩子的课外时间安排得满满的，要让孩子有时间休息，孩子才有动力加快速度完成作业。

曾经有人说，孩子从进入一年级开始，就彻底失去了快乐的童年。这样的表述尽管有些偏激，但是却不无道理。近年来，儿童不堪重负导致自杀的事件频繁发生，人们总是习惯性地将其归咎于生命教育的缺失，却不知道作业如同压垮孩子的最后一根稻草，使得孩子不堪重负。假如父母能有意识地减轻孩子的负担，让孩子完成学校作业之余有时间放松和休息，那么孩子还能在完成作业的间隙感受到生命的乐趣。相反，如果孩子被作业压得喘不过气来，根本无暇喘息，那么孩子稚嫩的肩膀必然觉得不堪重负，甚至疲惫不堪，最终对生命完全失去乐趣。父母要做的，一则是给孩子减负，二则也是要引导孩子迅速完成作业，这样才能让孩子腾出时间恢复体力和精力，从而也让自己在学习上再次充满动力。否则一味地学习，始终在做永远也无法完成的作业，孩子一定会心力憔悴，身心俱疲。

有话就说，绝不"哼哼唧唧"

孩子往往有很多愿望，他们既希望满足自己的愿望，有的时候又因为怕被父母拒绝，而不敢直接说出自己的愿望。当犹豫不决时，孩子就会哼哼唧唧，既不明说自己的愿望，又显得犹豫不决。看到孩子这个样子，很多急脾气的父母都会火冒三丈，甚至恨不得马上撬开孩子的嘴巴让孩子把话说出来。他们却从未认真想一想，孩子为何不敢说出自己的愿望呢？归根结底，孩子是怕被拒绝，因而才犹豫不决不愿意说出自己的真心话。

要想改变孩子这种状况，父母就要为孩子营造良好的家庭氛围，当家里的气氛民主和谐，每个人都平等相待，孩子就无须遮掩自己的愿望，从而做到真实地表达自己。从心理学的角度而言，孩子说话哼哼唧唧，其实是与父母沟通不畅的表现。唯有消除沟通中的障碍，孩子才能更加自由快乐，也充满自信。

婷婷九岁了,正在读小学三年级。她很乖巧懂事,平日里非常安静,认真学习。有一天,婷婷放学后眼睛又红又肿,妈妈不知道发生了什么事情,赶紧询问。一开始,婷婷不愿意说,哼哼唧唧地只说自己的眼睛里进沙子了,但是看着婷婷失落的样子,妈妈直觉一定发生了什么。直到妈妈因为婷婷的吞吞吐吐着急了,扬言要去问老师时,婷婷才委屈地哭起来,说:"旭旭不理我了。"妈妈很惊讶,说:"旭旭不是你最好的朋友吗?为何不理你了呢?"婷婷说:"上个周日,是旭旭的生日,她邀请了班级里的好几个女生参加,也第一个邀请我了,但是我却没有去。"

妈妈当即批评婷婷:"婷婷,旭旭可是你的好朋友啊,还特意邀请了你,你为何不参加旭旭的生日呢?"婷婷委屈地说:"周日,我必须去上钢琴课,连上两节,根本赶不及参加了。"妈妈这才想起来婷婷每个周日都有钢琴课,因而说:"你这个孩子,为何不把这个情况告诉妈妈呢?"婷婷说:"妈妈,你说过钢琴课很贵的,每节课都要两百块钱。我知道你和爸爸挣钱很辛苦,我不想浪费家里的钱,我也担心你不会同意钢琴课请假的……"听完婷婷的话,妈妈觉得很心疼,婷婷这么小就这么懂事,是不是说明平日里爸爸妈妈对她要求太严格了呢……妈妈陷入了沉思。

——案例来自爱普生涯儿童天赋能力成长中心

很多父母都以孩子懂事听话为自豪,殊不知,当孩子表现出不符合年龄的懂事与听话,就意味着孩子过早背负了生活的沉重。实际上,在每个人生阶段,每个人都应该享受自己的幸福和快乐,而不要透支烦恼。有些父母总是把诸如家庭经济上的困难等很多困境都告诉孩子,却没有想到孩子还小,没有能力为父母分担,如果他们因此而内心焦虑不安,岂不是得不偿失吗？因而明智的父母知道，要为孩子营造快乐的成长氛围，而不会轻易把父母的烦心事转嫁给孩子。在本该无忧无虑的年纪，孩子就应该大胆表达自己，更要相信父母能够理解和体谅自己，他们才会表现出对父母的信任和依赖。

从心理学的角度而言，孩子怀揣着愿望，在父母面前哼哼唧唧无法说出来，实际上是对父母的不够信任。他们害怕自己被父母拒绝，也害怕父母认为自己的愿望不值一提。因此，为了让亲子沟通畅通无阻，父母要鼓励孩子勇敢地表达内心的愿望，也要注意给予孩子正面积极的回应。当然，父母也不能对孩子完全言听计从。在这种情况下，还要培养孩子接受拒绝的能力，让孩子知道父母拒绝与否是父母的权利，而他们对于自己的心愿一定要从容表达。渐渐地，孩子在面对社会交往的时候，也才能更勇敢，而不至于唯唯诺诺，总是不敢说出自己的真实想法。

不抱怨，才能充满积极的正能量

现代社会，因为生活节奏的加快，工作压力的增多，大多数人整日疲于奔波，为了生计四处游走，甚至没有片刻的休息和清闲。尤其是在有了孩子之后，妈妈不但要做好本职工作，还要照顾孩子和家庭，更是分身乏术，转眼之间就从柔弱的女孩变成了不折不扣的女汉子。常言道，为母则刚，这句话非常有道理。婚姻和家庭，特别是孩子的到来，对女性的改变真的非常大。从心理学的角度而言，妈妈也起到至关重要的角色。妈妈如果总是抱怨，就会给整个家庭都蒙上阴影；妈妈如果积极乐观，则孩子也会充满正能量。然而在日复一日的忙碌生活中，妈妈如何才能不抱怨呢？

曾经有人说，既然哭着也是一天，笑着也是一天，我们为何不笑着度过生命中的每一天呢。的确，聪明人对于这个问题的选择毋庸置疑，所以作为家庭的半边天，甚至是大半边天，妈妈一定要调整好心态，给孩子一个积极乐观的妈妈，才能为孩子营造充满正能量的家庭氛围，帮助孩子拥有强大的内心和不抱怨的人生。

一直以来，明锐都生活在顺遂的家庭环境中，在父母和爷爷奶奶的呵护下，他没有受到过任何委屈，更不知道艰难困苦是什么滋味。随着年龄不断增加，明锐进入五年级，作业也越来越多。有的时候，明锐要到晚上十点才能完成作业，因而睡眠严重不足，早晨起床总是带着起床气，甚至连饭也不想吃。一天早晨，明锐又不吃饭，妈妈关心地问："你如果不吃饭，怎么能集中注意力听课啊！"明锐嘟囔着小嘴说："天天都喝粥，简直太难喝了。"妈妈说："你知道有多少孩子在忍饥挨饿，甚至连水都没得喝吗？"明锐不以为然："你说的孩子都在非洲，和我没有可比性。"妈妈又问："你知道你们班里有多少孩子因为父母工作忙碌，早晨只能吃冷面包吗？"明锐不吭声了。妈妈说："明锐，你要知足啊，不要总是抱怨。喝粥暖胃，对身体好，是妈妈提前一个多小时起床才熬好的。"明锐不吱声了。

又有一次，明锐抱怨妈妈太唠叨，总是催促他写作业或者吃饭或者睡觉，明锐歇斯底里地喊道："妈妈，我快被你催死了。"妈妈说："明锐，你有妈妈在身边催着你，就知足吧。想想那些留守儿童，你伯伯家的哥哥姐姐就是留守儿童，爷爷奶奶那么大年纪什么也不懂，只能给他们做点儿饭吃。他们想身边有父母催促自己都没有，学习上完全是听天由命，遇到不会的题目连问的人都没有。你也想那样吗？如果你也想那样，我可以把你送到河南去，一天三顿面条，炒菜都没有，当然也没有人唛，周六日更没有人带你出去玩，你只能待在家里写作业。你愿意的话，车票随时都能买到。"明锐不吭声了，过了好久小声嘀咕："我还羡慕哥哥姐姐没人管呢！"妈妈听到了明锐这句话，但是却装作没听到。她暗暗萌生出一个想法：对于明锐而言，得到的越多，越是抱怨；享福越多，越是抱怨。不如把他送回老家生活一段时间，让他真正分清楚自己想要怎样的生活。当时正值暑假，妈妈当即把明锐送回河南老家生活。才过了几天，明锐就打电话给妈妈说自己想家了，妈妈说："你不是羡慕哥哥姐姐吗？你还是留在老家生活吧，至少一个月，这样你才懂得珍惜。"妈妈狠心坚持了一个月才去接回明锐，看到明锐变黑了，身上被蚊子咬得到处都是疙瘩，而且还因为吃饭不可口瘦了。妈妈调侃明锐："还是老家好吧，以后每到寒暑假你就回家，我也正好可以休息下，你还顺便减肥了，多好。"明锐龇牙咧嘴，极不情愿地说："妈妈，我可不想再回去了，我决定了，还是留在你身边比较好。"妈妈问明锐："真的区分出来好坏了？"明锐点点头，说："妈妈，我以后再也不抱怨也不嫌弃你了。我比哥哥姐姐幸福多了。"

——案例来自爱普生涯儿童天赋能力成长中心

在这个事例中，妈妈不管怎么说，明锐都无法真正意识到家乡的生活是什么样子的，因为没有切身地对比。终于在明锐持续抱怨之后，妈妈狠下心来把明锐送回老家生活，这样一来，明锐才切实感受到自己此前的生活多么幸福，也才能理解父母承受了多么巨大的经济压力，才能把他留在身边成长。吃一个月的苦，孩子就能感恩父母，也能够更珍惜现在的生活，不再抱怨，岂不是很好吗？不得不说，妈妈的教育方法是很明智而且效果立竿见影的。

需要注意的是，如今大多数孩子都是独生子女，从小就在父母和长辈全心全意的爱与呵护下长大，因而他们习惯了衣来伸手、饭来张口，也习惯了不管什么事情都依赖父母，而自己不愿意动任何心思，更不愿意费脑筋解决问题。然而，这样衣食无忧的生活，必然养成孩子不知足的心态。正如一位名人所说，这个世界上如果没有丑，也就无所谓美。同样的道理，这个世界上如果没有辛苦，也就衬托不出享福。如果一个孩子始终泡在蜜罐里长大，他如何知道自己有多么幸福呢！所以要想戒除孩子的抱怨，并非像大多数父母误以为的那样要更加满足孩子，甚至满足孩子的一切要求。记住，人的欲望是无底的深渊，每个人都是特别贪婪的，孩子也是如此。当父母无限度满足孩子的要求，那么孩子反而会提出更多无法满足的要求，一旦父母有任何要求不能满足，他们马上就会怨声载道。

要想帮助孩子懂得感恩，懂得知足，就要逆势而动，即让孩子适度吃苦，让孩子更多地了解其他孩子的生活状态，这样他们才知道自己此时此刻多么幸福。当意识到苦之后，孩子才知道自己如今的生活多么甜蜜富足，当吃尽苦头靠着自己努力创造生活，他们才会知道父母做到这一切多么艰难，也会更加感恩父母。否则，孩子一直在顺境中长大，把父母的一切付出都当成理所当然，他们最终会成为不折不扣的白眼狼，完全不懂得感恩。可想而知，没有任何父母愿意把孩子培养成白眼狼，那么就要从孩子小时候培养孩子的感恩之心，即使在满足孩子的愿望时，也可以适度延迟满足，从而让孩子意识到并非一切的愿望都会实现，而且父母的能力也是有限的，不可能无条件满足他们。当然，对于年幼的孩子而言，最重要的是家庭环境潜移默化的作用。作为家里的女主人，妈妈一定要调整好心态，千万不要当着孩子的面和爸爸吵架，更不要公然在孩子面前抱怨爸爸无能等。记住，当着孩子的面诋毁他的父亲，是对孩子最大的伤害。很多问题，夫妻俩应该关起门来解决，如果不是需要家庭成员举手表决的事情，遇到艰难的时候，父母也可以适度向孩子隐瞒，而不要让孩子承受毫无意义的压力和煎熬。当然，凡事皆有度，过犹不及，适当让孩子知道父母的艰辛，也同样很重要。总而言之，孩子唯有心怀感恩，不抱怨，积极乐观面对生活，才能最大限度地让人生扬帆起航。

远离沮丧，让人生不绝望

现在的孩子普遍缺乏挫折教育，所以在面对人生中的艰难坎坷时，他们总是不由自主就陷入沮丧之中，根本不能做到积极地想办法解决问题。然而，人生不如意十之八九，孩子小时候还有父母全心全意的帮助和照顾，等到孩子渐渐长大，父母也越老越老，还有谁能够给予孩子无微不至的照顾和扶持呢？归根结底，孩子必须学会独自面对人生中的坎坷和挫折，哪怕遭遇困境，也要坚持不放弃，否则人生就彻底失去了希望。

正如一位名人所说，人最大的敌人是自己，一个人如果能够超越和战胜自己，那么他的人生就会更充实、更成功。反之，如果一个人总是轻而易举就否定自己，就放弃努力，就陷入沮丧和绝望中无法自拔，那么他的人生必然黯淡无光，也没有扭转局势的可能。在培养孩子的过程中，大多数父母都尤其看重孩子学习成绩的好坏，实际上对于人生而言，成绩的好坏并非最重要的，最重要的是孩子要具有坚强的品质，要拥有强大的内心，这样才能在人生中兵来将挡，水来土掩，从而始终满怀希望地面对人生中的各种境遇，始终积极乐观地勇往直前。

尤其是在面对很多挫折和失败时，孩子更容易沮丧。实际上，这与父母的引导有着密不可分的关系。很多父母总是向孩子灌输成功的意识，在孩子失败时就严厉批评孩子，而在孩子获得小小的成就时又迫不及待鼓励孩子继续努力、再接再厉，日久天长，孩子必然怀疑自己，也越来越缺乏自信。要想避免这种情况，父母就要引导孩子更注重体验。就像一场比赛，参与往往比夺取名次更重要，而当参与且尽力了，哪怕孩子没有取得好成绩，父母也应该为孩子竖起大拇指。不得不说，如今太多的父母都患有教育焦虑症，对尚且在娘胎中安睡的胎儿就进行胎教，孩子刚刚出生就联系幼儿园，孩子才进入幼儿园，又开始为了幼升小而冲刺，报名参加形形色色的补习班。殊不知，这样的挤压使孩子的童年无处遁形。近年来，儿童自杀的发生率越来越高，与孩子缺乏童年的快乐以及承受了过大的压力有直接关系。

明智的父母，任何时候都不会让孩子陷入绝望，他们会让孩子感受到生命的美好和快乐，也让孩子对生命无限热爱和眷恋。试想，一个不热爱生命的人，能拥有幸福快乐的人生吗？既然父母说逼着孩子学习都是为了孩子好，那么不如不要舍本逐末，而给予孩子更大的成长空间，帮助孩子找回属于自己的快乐。

每个周末，小泵都觉得要抓狂。原来，贪心不足的妈妈为他报名参加了九个课外班，其中还有三个是需要考试的。小泵真的已经拼尽全力了，周末甚至比周一到周五更加忙碌，但是却始终无法在考试的时候取得好成绩。这不，今天奥数的成绩出来了，小泵特别沮丧，甚至说自己是个废物,百无一用。看着小泵痛苦的样子,妈妈突然意识到自己把孩子逼得太紧了,这样推着孩子往前走,孩子感受不到学习的乐趣,反而怀疑和否定自己。妈妈赶紧安慰小泵:"乖儿子,奥数没考好没关系,妈妈不是为了让你考高分才让你上奥数的。你要知道,妈妈是想开拓你的思路,你不觉得现在解答数学题的时候思路更清晰了吗?这就达到目的了。"

虽然妈妈暂时消除了小泵的沮丧,但是课内和课外的考试接踵而至,小泵分身乏术,精力有限,不停地受到成绩的打击,根本无法恢复信心。无奈之下,妈妈只好给小泵停下了课外班的学习,让小泵全力以赴应付学校的考试。果不其然,小泵在考试中取得了班级第三名的好成绩,他觉得高兴极了。

——案例来自爱普生涯儿童天赋能力成长中心

如果让一匹稚嫩的小马拉着沉重的大车,小马不但很难前进,而且有可能后退,可想而知小马多么沮丧。相反,如果让小马拉着和自己力量相匹配的小车,小马不但能轻快地往前跑,还能时不时地欣赏沿途美丽的风景。小马又是怎样的心情呢?如今,太多的父母让年幼的孩子拉着沉重的大车,而丝毫没有考虑到这样的做法给孩子带来的伤害。明智的父母不会这样对待孩子,他们会更关注孩子的身心健康,而不强求孩子必须拉怎样的车。帮助孩子建立信心,让孩子积极乐观地面对人生,这才是父母对孩子最好的馈赠,也是让孩子受益一生的礼物。

成功，始于脚下

现实生活中，优秀的孩子越来越多，但是自信的孩子却越来越少。这到底是为什么呢？难道孩子的优秀不是建立在自信的基础上的吗？实际上，如今大多数优秀的孩子都是被父母逼出来的，因而他们在学习上很被动，缺乏根本的自信。明智的父母知道，和孩子一时的好成绩相比，自信是孩子更不可或缺的成功品质。否则，没有自信的孩子注定在人生的道路上走不远。

心理学上有一个名词，叫作马太效应。马太效应来源于《马太福音》中的一则寓言，这则寓言告诉人们强者更强，弱者更弱，因而激励人们一定要自信，才能让自己变得更加强大。其实不管是成人还是孩子，都需要自信。现实生活中很多人都渴望获得成功，却不知道成功源于自信。还有很多父母把自己未完成的人生理想寄托在孩子身上，给孩子造成了沉重的压力和心理负担。殊不知，孩子虽然因为父母来到这个世界上，却从不是父母的附属品，更不属于父母。孩子有自己的人生，父母要给孩子优秀的品质和通往成功的必备素质，却不能捆绑孩子的人生。所以，如今在教育领域提倡多认可和鼓励孩子，从而赏识和激励孩子，激发孩子的自信心和勇气，让孩子勇敢地迈出通往成功的第一步。

面对人生，很多孩子都表现出胆小畏缩的模样，这就是典型的缺乏自信的表现。当然，孩子是否具备自信心并非是天生的，父母对孩子的影响作用很大，父母的教育也会决定孩子最终的模样。首先，父母要给孩子营造良好的成长氛围和家庭环境。心理学家经过研究发现，在和平民主的家庭氛围中长大的孩子，往往更独立，更有主见，也充满信心和勇气。而如果父母过于强势，孩子就会表现得唯唯诺诺，只知道一味地顺从，甚至不敢表达自己的意见和想法。其次，在教育孩子的过程中，父母还要注重认可和肯定孩子。在小时候，孩子缺乏自我认知的能力，他们对于自己的认知和评价，往往来源于他们最信任和依赖的父母。所以，作为父母，一定不要轻易否定孩子，更不要随意给孩子贴上负面的标签。

很多事情，满怀激情地去做，和胆怯畏缩不敢向前，是截然不同的表现。在孩子的人生中，最重要的就是自信，这也是父母能够给予孩子的最好礼物，是让孩子受益一生的优秀品质，也是孩子获得成功必不可少的要素之一。孩子的可塑性非常强，他们从呱呱坠地，就在不断地成长，在各种观念没有完全形成之前，他们更多地受到父母的影响，从而决定自己的人生。因而父母对待孩子的态度，甚至能改变孩子的人生，所以作为父母一定要谨慎对待孩子，千万不要随意否定或者嘲笑孩子，否则给孩子带来的打击有可能是终生的。

小翠才一岁零一个月，还不太会走路。虽然自己能独自站立，但是却总是不敢迈步。有一次，小翠好不容易鼓起勇气迈开一步，却一个踉跄扑倒在地，妈妈马上紧张地扶起小翠，说道："宝贝，摔疼了吗？摔到哪里没有啊？"此后很久，小翠都不敢再尝试迈步了。

有段时间，妈妈工作比较忙，爸爸陪伴小翠更多一些。爸爸看到小翠还不会走路，很着急，决定鼓励小翠。爸爸蹲在距离小翠一米远的地方，张开双臂准备迎接小翠走过来。小翠很犹豫，几次抬起脚后跟，却又停下。她不确定自己是否还会摔倒。在爸爸的不断鼓励下,小翠终于迈步,然而她再次扑倒在地,这次爸爸没有去扶小翠,而是笑着对小翠说:"宝贝,没关系。站起来,继续朝前走。"小翠撇着嘴巴想哭,在爸爸的鼓励下最终忍住眼泪,站起来尝试着继续朝前走。几次摔倒再站起来之后,小翠没有那么犹豫了,因为她已经知道摔倒也没关系,不是那么疼,还可以爬起来继续走。就这样,在爸爸的引导下,只一个下午,小翠就神奇地学会了走路。

——案例来自爱普生涯儿童天赋能力成长中心

在这个事例中,小翠因为妈妈的"大惊小怪"受到情绪感染,也变得紧张和焦虑起来,因而更加不敢迈步向前。而爸爸看到小翠摔倒,并没有扶起小翠,而是鼓励小翠自己站起来朝前走。几次三番之后,小翠既知道了摔倒的后果,也知道自己还可以爬起来继续前行,因而越来越自信,再也不会因为恐惧而止步不前了。这是爸爸帮助小翠建立的自信。连这么小的孩子都需要自信,可想而知自信多么重要!

现实生活中,很多父母都抱怨孩子胆小怯懦,不敢尝试一切新生事物。实际上,孩子在呱呱坠地的时候胆量毫无区别,而在成长的过程中,他们之中有人变得勇敢,有人变得胆怯,是因为他们得到了不同的家庭教育。勇敢的孩子总是被父母鼓励做各种事情,而胆怯的孩子却总是被父母限制住。当父母总是这也不让孩子做,那也不让孩子做,日久天长,孩子必然变得缩手缩脚,甚至完全失去自信。所以要让赋予孩子自信的品质,父母就要从小培养孩子的自信心,只要是孩子能做的事情,就让孩子力所能及地去做,而不要把孩子严密地保护起来,导致孩子最终成为什么也不会的人。当然,自信的形成并非是朝夕之事,父母一定要对孩子有耐心,对孩子付出爱心,才能用心陪伴孩子,为孩子的成长保驾护航。

后　记

父母都想打开孩子的心扉，走入孩子的内心，甚至想成为孩子肚子里的蛔虫，只要能了解孩子就好。然而随着孩子不断成长，越来越多的父母发现自己并不了解孩子。曾经对孩子的哭笑都非常熟悉也能准确解读的他们，在孩子成长的过程中变得越来越不自信。

尽管小小的婴儿依然依偎在妈妈怀里吮吸乳汁，但是对于孩子的很多表现，妈妈都看不懂了。小家伙为什么咬我？为何总是亲近自己的手指甚至亲近我呢？小小的幼儿依然骑在爸爸脖子上看世界，但是他的口中经常冒出各种稀奇古怪的话，让爸爸听不懂。而且他不那么乖巧了，甚至甩开胳膊离开了爸爸，全然不管爸爸是否跟在自己的身后。就这样慢慢地，孩子与父母渐行渐远。

曾经，走出幼儿园就主动向爸爸妈妈汇报自己一天生活的孩子，面对爸爸妈妈的询问置若罔闻，甚至觉得爸爸妈妈厌烦。这无疑是在告诉父母，仅仅依靠语言已经无法透彻了解孩子了。你与孩子沟通的门，被孩子堵住了，你该怎么办？你似乎又回到孩子还不会说话的婴儿时期，大多数时候要靠猜来揣测孩子的心意。没关系，如果你熟悉儿童行为心理学，那么你就相当于又开了一条通往孩子内心的通道。也许语言可以掩饰，但是孩子发乎自然的行为举止，却能为你展示孩子最真诚的内心。既然如此，

后 记

你还有什么可担心的呢？哪怕孩子觉得你厌烦，哪怕孩子自己也不了解自己的内心，你依然可以通过观察孩子知道更多孩子的心理状态。这样一来，可怜天下父母心的你，依然可以默默守护着孩子，为孩子的健康成长提供最大的支持和最坚强的后盾。

台湾作家龙应台说过，所谓父母子女一场，就是渐行渐远。做父母的，看着孩子的背影决绝地离去，知道自己不应该过多干扰孩子，而要给孩子更大的成长空间，也要让孩子成为人生真正的主宰。孩子当然不会一夜之间长大，所以父母给孩子最好的爱，就是在孩子年幼的时候多多陪伴孩子。当孩子渐渐长大时，学会放手，学会默默无闻地支持孩子，学会为孩子一点一滴的进步喝彩。然而，父母也必须知道，孩子从来不会成长为父母所期望的样子。他们或者比父母所期望得更好，或者没有达到父母所期望的高度，然而这就是孩子最该成为的样子。真正伟大的父母，不会期望孩子为自己而活，也不会强求孩子按照父母的意愿改变自己，他们只是默默地欣赏孩子成为本该成为的样子。

在爱普生涯儿童天赋能力成长中心，每一位老师都相信：每个孩子都是造物主赐予父母的小天使，让天使给我们带来爱，也让我们守护着天使成长，直到天使飞到属于自己的天空，自由地翱翔。我期望：普天之下，每个孩子都有懂他的父母，每个父母也都懂自己的孩子！如果本书在这一点上起到一点点的推动，也算完成我一个小小的心愿。最后，感恩爱普生涯我的每一位事业合伙人在这份事业上的付出与追随，也感恩每一位读者以及传递分享本书的每一位家长！心有所向，生根发芽！